O PEQUENO LIVRO DE
MARIA

O PEQUENO LIVRO DE
MARIA

Priya Hemenway

Tradução:
ELENICE BARBOSA DE ARAÚJO

EDITORA PENSAMENTO
São Paulo

Título original: *The Little Book of Mary.*

Copyright © 2004 The Book Laboratory Inc.

Edição em inglês publicada pela Barnes & Noble, Inc., mediante acordo com a The Book Laboratory® Inc.

Todos os direitos reservados. Nenhuma parte deste livro pode ser reproduzida ou usada de qualquer forma ou por qualquer meio, eletrônico ou mecânico, inclusive fotocópias, gravações ou sistema de armazenamento em banco de dados, sem permissão por escrito, exceto nos casos de trechos curtos citados em resenhas críticas ou artigos de revistas.

Dados Internacionais de Catalogação na Publicação (CIP)
(Câmara Brasileira do Livro, SP, Brasil)

Hemenway, Priya
 O pequeno livro de Maria / Priya Hemenway ; tradução Elenice Barbosa de Araújo. — São Paulo : Pensamento, 2006.

 Título original: The little book of Mary.

 1. Maria, Virgem Santa — Teologia 2. Maria, Virgem, Santa - História e doutrina 3. Maria, Virgem, Santa — Teologia - Estudo comparado I. Título.

06-6513   CDD-232.91

Índices para catálogo sistemático:
 1. Virgem Maria : Teologia dogmática cristã 232.91

O primeiro número à esquerda indica a edição, ou reedição,
desta obra. A primeira dezena à direita indica o ano em
que esta edição, ou reedição, foi publicada.

Edição	Ano
1-2-3-4-5-6-7-8-9-10-11	06-07-08-09-10-11-12-13

Direitos de tradução para o Brasil
adquiridos com exclusividade pela
EDITORA PENSAMENTO-CULTRIX LTDA.
Rua Dr. Mário Vicente, 368 — 04270-000 — São Paulo, SP
Fone: 6166-9000 — Fax: 6166-9008
E-mail: pensamento@cultrix.com.br
http://www.pensamento-cultrix.com.br
que se reserva a propriedade literária desta tradução.

Sumário

Introdução 7

Mãe Bendita 15

Filha de Sião 55

Virgem Maria 69

Rainha dos Céus 75

Rosa Mística 103

Mãe de Misericórdia 113

Uma Prece a Maria 151

Agradecimentos 153

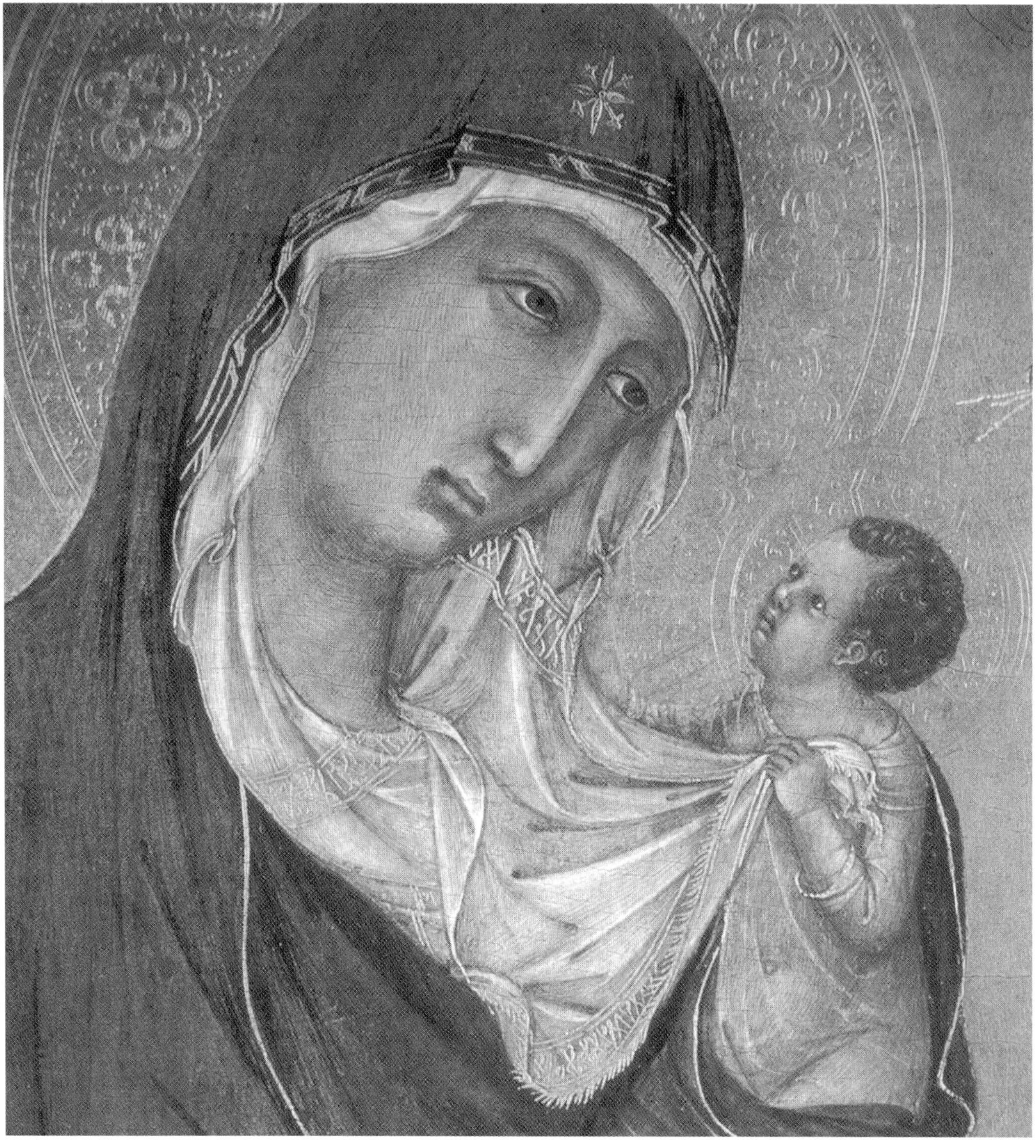

Introdução

Maria, a mãe de Jesus, é reverenciada há séculos como a mulher que recebeu uma graça singular de Deus. A ela se atribuem virtudes como coração imaculado e beatitude que lhe valeram gerações seguidas de cristãos devotos. Imagem de mulher cheia de graça e amor infinito, ela é venerada tanto por sua compaixão quanto por seu relacionamento com o Cristo.

Maria é saudada por muitos como prenúncio da Salvação. Através de seu corpo a Palavra de Deus assumiu a forma humana, por isso ela é chamada *Theotokos,* palavra grega que significa "aquela que carrega Deus em seu ventre". Para outros, ela é simplesmente a mãe devotada que deu à luz Jesus Cristo, o Filho de Deus, e se tornou símbolo da expressão divina do amor maternal, cuja feminilidade trouxe equilíbrio à figura masculina da Trindade.

Maria é conhecida por nomes diferentes e já foi vista diversas vezes de várias formas: ela inspira os devotos, cura doentes e abençoa a todos os que clamam seu nome. Para os não tão devotos aos símbolos da fé cristã, Maria é um símbolo de fertilidade que estabelece o elo de ligação entre as necessidades humanas e a divina providência.

Neste pequeno livro, abordaremos fatos históricos, algumas lendas, contos e preces relativos a Maria. Vamos conferir trechos das Escrituras que a descrevem aos cristãos de fé, e analisar informações menos conhecidas que a relacionam a cultos da antiguidade. Alguns dos muitos títulos que representam Maria dividem o livro em seções, e as pinturas sacras que a glorificam há séculos servem para elucidar o que as palavras não conseguem expressar.

A primeira parte do livro retrata Maria segundo a descrição das Escrituras. A primeira seção é intitulada *Mãe Bendita*, e reconta a história mais conhecida sobre Maria, trazida até nós pelo Novo Testamento e pela Bíblia. Contada e recontada infinitas vezes, essa versão apresenta Maria como a noiva virgem que deu à luz o menino Jesus, fruto do milagre da concepção do Espírito Santo. Mais recentemente, muitos estudiosos apontam para o fato de que o registro das Escrituras foi feito muitos anos depois da morte de Cristo, e seus autores, a exemplo de inúmeros outros na antiguidade, possivelmente atribuíram maior importância ao enaltecimento da dimensão espiritual da fé que nortearia a recém-criada religião pelos anos a vir, do que à precisão dos fatos históricos.

A segunda seção é intitulada *Filha de Sião* e elucida o cenário de muitos dos conceitos usados para descrever Maria tanto no Novo Testamento como nos símbolos e pensamentos desenvolvidos em torno das Escrituras. Seguem uma

Introdução

O PEQUENO LIVRO DE MARIA

análise dos detalhes sobre a vida de Maria produzidos por fontes apócrifas, na seção intitulada *Virgem Maria*; e a retomada de diversos artigos sobre a devoção Mariana, em *Rainha dos Céus*.

Na seção *Rosa Mística*, você encontrará uma descrição de símbolos que a relacionam ao mundo secular, e uma Maria menos ligada à oração e às Escrituras, trazida ao reino das atenções cotidianas. Na Idade Média, as flores se tornaram símbolo de sua presença. Nesse mesmo período, surgiram também muitas lendas que misturam crença e fantasia, e que deram origem a imagens ainda em vigor nos dias de hoje.

A seção final, *Mãe de Misericórdia*, retrata Maria como uma figura feminina extraordinária, que se manifesta em aparições. Ela representa o aspecto feminino do Amor Divino, e foram muitas as visitações que ela fez. Defensora dos humildes e inocentes, ela protege a todos que rezam para ela.

Maria se apresenta de forma diferente para cada um. Sinal de fé e símbolo de amor, ela representa a personificação da Palavra de Deus que se fez humana por meio de seu ventre, e encerra uma promessa de transformação por meio da devoção. Tal qual a maioria das mulheres, Maria é um mistério a ser desvendado pelo amor.

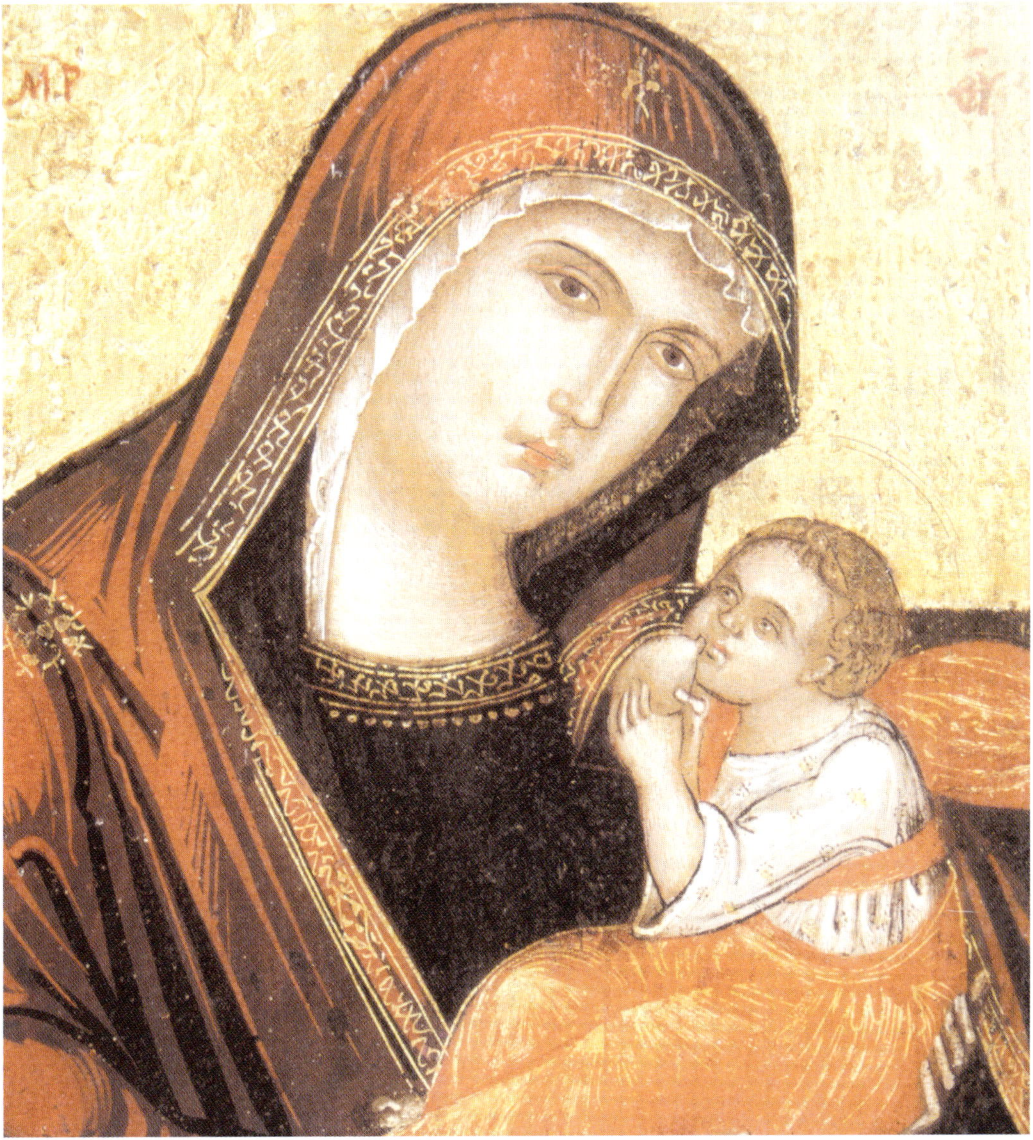
ΜΡ

Mãe Bendita

Na Bíblia, a vida de Maria, Mãe Bendita de Jesus, é relatada no Novo Testamento. Durante séculos, os poucos detalhes lembrados a seu respeito foram contados como parte da história de seu filho Jesus. Seu relacionamento particular com ele e com o Pai faz dela uma figura ao mesmo tempo celestial e secular. Maria, em seu papel como Mãe Bendita, é a virgem que concebeu o Filho do Deus Pai, passando então a ser chamada a Mãe de Deus.

Os autores dos quatro evangelhos – Mateus, Marcos, Lucas e João – pouco falam a respeito de Maria. Entretanto, com o passar dos séculos, o pouco que foi lembrado foi ricamente desenvolvido através da música e da arte sacras. As passagens da anunciação, da natividade, da crucificação e de sua própria ascensão têm sido contadas e recontadas ao longo do tempo, impedindo que esqueçamos dos aspectos celestiais de Maria.

Nesta seção vamos avivar os detalhes da vida dela descritos nos evangelhos de Mateus e Lucas, assim como alguns outros episódios intimamente ligados a ela, e sem os quais sua história ficaria incompleta.

O PEQUENO LIVRO DE MARIA

A Anunciação

O Evangelho de Lucas nos conta que Maria era uma jovem virgem que cresceu em Nazaré e foi prometida a um carpinteiro de nome José. Certo dia, enquanto estava sozinha em casa, Maria foi surpreendida pela visita do anjo Gabriel, que se anunciou dizendo: "Alegra-te, cheia de graça, o Senhor está contigo!"

Maria ficou assustada, mas o anjo a tranqüilizou ao dizer que ela havia sido abençoada por Deus. "Eis que conceberás em teu seio e darás à luz um filho que se chamará Jesus!" Ele explicou a ela que seu filho seria concebido pela graça do Espírito Santo e não de José. "Ele será chamado Filho do Altíssimo."

Maria, embora confusa com a situação, baixou humildemente a cabeça em sinal de submissão à vontade de Deus e disse: "Eis aqui a escrava do Senhor. Aconteça comigo segundo tua palavra!"

E com isso, o anjo partiu.

José

Profetas antigos de Israel haviam há tempos anunciado a chegada do Messias. Seria um descendente de Davi, que havia unido as tribos de Israel, e nasceria em Belém. José, o carpinteiro a quem Maria estava prometida, era um descendente direto do rei Davi. A notícia da gravidez de Maria fora um choque para ele, pois sabia que o filho não era seu. Incerto sobre que atitude tomar, Mateus nos conta que José caiu em sono profundo, durante o qual recebeu a visita de um anjo.

O Anjo Gabriel disse a José que não se preocupasse e que desposasse Maria. Ele lhe explicou que Maria havia sido abençoada. "O que nela foi gerado é do Espírito Santo. Ela dará à luz um filho a quem darás o nome de Jesus. Ele é que salvará o povo de seus pecados." Ao ouvir tais palavras José se lembrou das antigas profecias que falavam sobre o filho de uma virgem que receberia o nome de Emanuel, que significa "Deus conosco".

Tendo despertado de seu sonho, José sabia que deveria se casar com Maria e zelar por ela com o máximo cuidado, pois ela carregava em seu ventre a criança divina que viria a ser o Salvador do povo de Israel.

Mãe Bendita

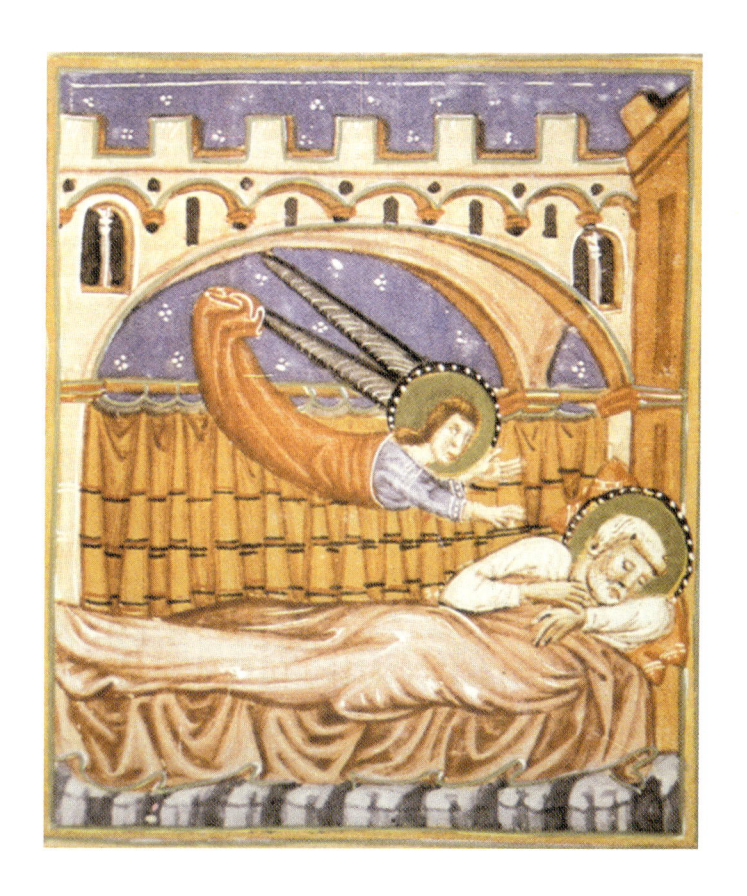

O PEQUENO LIVRO DE MARIA

Zacarias e Isabel

Essas revelações divinas a Maria e a José aconteceram seis meses após outro acontecimento miraculoso – a concepção de uma criança por Isabel, prima de Maria.

Zacarias e Isabel eram um casal de devotos de mais idade e sem filhos que morava na Judéia. Segundo os preceitos judaicos da época, a infertilidade de uma mulher era um sinal do descontentamento de Deus; assim, Isabel vivia sob o estigma da desaprovação divina.

Zacarias era sacerdote. Certo dia, ele estava defumando o templo com incenso, quando um anjo apareceu ao lado do altar. Zacarias ficou terrivelmente perturbado, mas o anjo, chamado Gabriel, ordenou-lhe que nada temesse. "Tuas preces foram ouvidas, e tua mulher Isabel vai te dar um filho a quem darás o nome de João."

Gabriel continuou: "Ele será para ti motivo de gozo, alegria e regozijo, e muitos se alegrarão com o seu nascimento. Pois ele será grande diante do Senhor. E desde o ventre de sua mãe estará cheio do Espírito Santo, Ele converterá muitos dos filhos de Israel ao Senhor, seu Deus. E seguirá adiante de Deus e dos profetas a fim de preparar para o Senhor um povo disposto."

Zacarias disse ao anjo: "E como terei certeza disso? Eu já estou velho e minha mulher está avançada na idade."

E o anjo respondeu: "Sou Gabriel, um mensageiro de Deus. Ele me enviou para te falar e dar a boa nova. Como não crestes em minha palavra, ficarás mudo e não poderás falar até que tudo se cumpra, no tempo devido. Tua confiança em Deus será tua bênção."

Do lado de fora, a grande multidão que aguardava Zacarias terminar sua tarefa admirava-se da sua demora. E, tão logo ele saiu de lá, foi possível perceber que ele havia tido uma visão no interior do Santuário. Zacarias tentou, então, explicar-lhes o acontecido com gestos, pois como dissera o anjo, ele se tornara mudo.

Ao deixar o templo, Zacarias foi para casa, ter com sua mulher. Não demorou, e Isabel concebeu um filho. Suas preces enfim tinham sido atendidas e ela fora abençoada por Deus.

Mãe Bendita

O PEQUENO LIVRO DE MARIA

Isabel estava no sexto mês de gestação quando Maria recebeu a visita do anjo Gabriel, anunciando o milagre da concepção do filho que nasceria dela. Antes de partir, o anjo avisara que sua prima Isabel, já em idade avançada e dita estéril, engravidara, e por isso Maria foi visitá-la. Ao adentrar a casa ela chamou pela prima e correu para abraçá-la. Ao fazê-lo, o bebê remexeu no ventre de Isabel como que reconhecendo a criança que Maria carregava. Isabel foi então tomada de tamanha admiração e, como que movida por um profundo entendimento da situação, exclamou em voz alta: "Bendita sejais entre as mulheres e bendito seja o fruto do vosso ventre". E então perguntou a Maria: "Donde me vem a honra de vir a mim a mãe do meu Senhor? Pois assim que ecoou em meus ouvidos a tua saudação, o filho em meu ventre estremeceu de alegria".

Maria, extasiada com tantos acontecimentos extraordinários, irrompeu a cantar uma prece de alegria e agradecimento ao Senhor, que seria cantada pelas gerações seguintes. A prece cantada por ela está registrada no Evangelho de São Lucas, e recebeu o nome de O Cântico de Maria (*Magnificat*).

O CÂNTICO DE MARIA (MAGNIFICAT)

Minha alma engrandece o Senhor,
E meu Espírito exulta em Deus, meu Salvador.
Porque olhou para a humilhação de sua serva.
Sim! Doravante as gerações todas
me chamarão de bem-aventurada,
Pois o Todo-Poderoso fez grandes coisas a meu favor.
Seu nome é Santo,
e sua misericórdia perdura de geração em geração,
para aqueles que o temem.
Agiu com a força de seu braço,
dispersou os homens de coração orgulhoso.
Depôs poderosos de seus tronos,
e a humildes exaltou.
Cumulou de bens a famintos
E despediu ricos de mãos vazias.
Socorreu Israel, seu servo,
lembrado de sua misericórdia
– conforme prometera a nossos pais –
em favor de Abraão e sua descendência, para sempre!

Mãe Bendita

O PEQUENO LIVRO DE MARIA

João Batista

Como o anjo anunciara, Isabel deu à luz um filho, que, seguindo o costume, foi levado ao templo para ser circuncidado em seu oitavo dia de vida. Os sacerdotes estavam prestes a batizá-lo com o nome do pai, Zacarias, quando Isabel interveio: "Não, ele se chamará João".

Como Zacarias não tinha ninguém em sua família com esse nome, os sacerdotes surpresos buscaram antes a sua confirmação. E ele, então, escreveu reiterando o que Isabel dissera: "João é o seu nome".

Feito isso, Zacarias notou que recuperara a voz. Ele agradeceu a Deus e em seguida abençoou o filho com uma profecia: "E tu, menino, serás chamado profeta do Altíssimo; porque o precederás e lhe prepararás o caminho, para dar ao seu povo conhecer a salvação, pelo perdão dos pecados. Graças à ternura e misericórdia de nosso Deus, que vai nos trazer do alto a visita do Sol nascente, que há de iluminar os que jazem nas trevas e na sombra da morte, e guiar nossos passos no caminho da paz."

A notícia dessa profecia se espalhou pelo país; assim, o povo de Israel passou a sonhar e seus corações foram tomados pela antecipação.

O Nascimento de Jesus em Belém

Enquanto isso, segundo o Evangelho de São Lucas, o imperador César Augusto decretara a cobrança de pesados impostos em todas as províncias romanas. Todos os israelitas do sexo masculino deveriam retornar à sua cidade natal para pagar suas taxas; assim, José viajou de Nazaré a Belém, na província da Judéia, para pagar seus impostos, levando Maria consigo.

Foi em Belém, a cidade de Davi, que Maria deu à luz seu filho. E, como tantas vezes antes repetido, ela o envolveu em faixas e o deitou em uma manjedoura, pois não haviam conseguido lugar na hospedaria.

Alguns pastores que tomavam conta de seus rebanhos nos pastos das redondezas foram surpreendidos com a aparição de um anjo. Eles ficaram temerosos, mas o anjo logo os tranqüilizou dizendo: "Não temais, eis que vos anuncio a boa nova que será de alegria para todo o povo".

Eles foram se acalmando aos poucos e o anjo continuou a proclamar a fantástica novidade: "Hoje vos nasceu na cidade de Davi um Salvador, que é o Cristo Nosso Senhor".

Mãe Bendita

O PEQUENO LIVRO DE MARIA

Os pastores exultaram em alegria, e se apressaram para ir testemunhar o milagre. E o anjo completou: "Isto vos servirá de sinal: achareis um recém-nascido envolto em faixas e deitado em uma manjedoura".

Eis que de repente surgiu no céu um exército celeste, anjos que louvavam a Deus, dizendo, "Glória a Deus no mais alto dos céus e, na terra, paz aos homens, objetos da benevolência divina."

Quando os anjos partiram, os pastores se entreolharam e decidiram partir imediatamente para Belém, a fim de conferir o que acontecera por lá. Ao chegar, encontraram José ao lado de Maria, e o bebê deitado em uma manjedoura.

Depois de felicitarem o recém-nascido, os pastores voltaram cada qual para sua aldeia. Todos os que ouviam deles o relato sobre o acontecimento se maravilhavam, e a notícia se espalhou rapidamente.

Maria permanecia calada e seu coração estava repleto de gratidão.

A Profecia de Simeão

No oitavo dia o menino foi circuncidado e recebeu o nome de Jesus, e, no quadragésimo, foi apresentado no templo. Seguindo a tradição judaica, por se tratar de um primogênito, ele foi consagrado a Deus e foram oferecidas duas pombinhas em sacrifício.

Naquele tempo havia um homem chamado Simeão que tinha tido uma visão, na qual lhe fora revelado que ele não morreria sem antes ver o Messias. Simeão foi ao templo no momento em que Jesus foi levado para lá pelos pais. Terminada a cerimônia, ele tomou a criança em seus braços e orou, "Agora, Senhor, deixai vosso servo ir em paz, segundo a vossa palavra. Porque os meus olhos viram a vossa salvação que preparastes diante de todos os povos, como luz para iluminar as nações e para a glória do vosso povo de Israel". Maria e José se aproximaram, Simeão os abençoou e sussurrou para Maria: "Eis que este menino foi colocado como causa de queda e de soerguimento de muitos em Israel, e como um sinal que provocará contradição; e a ti, uma espada traspassará tua alma a fim de serem revelados os pensamentos íntimos de muitos corações".

Em seguida, foi a vez de Ana, uma profetisa viúva que servia no templo, dar graças. Ela também pegou o bebê no colo e falou sobre a redenção da humanidade vindoura por intermédio da criança que tinha em seus braços.

Mãe Bendita

O PEQUENO LIVRO DE MARIA

Os Três Magos

O Evangelho de Mateus também reconta a história dos três magos. Segundo ele, não demorou muito para que a notícia sobre as circunstâncias milagrosas do nascimento do filho de Maria chegasse ao rei Herodes. Três magos foram à sua corte indagar sobre como encontrar um recém-nascido, o Rei dos Judeus. Eles afirmavam ter visto surgir sua estrela no céu naquela noite e que teriam vindo para adorá-lo.

Preocupado ao ouvir aquilo, Herodes reuniu os chefes sacerdotes e exigiu que lhe dissessem onde estava a criança. Os homens contaram a Herodes que profetas antigos haviam alertado sobre uma criança que nasceria em Belém.

Herodes então chamou os três magos e lhes indagou mais sobre a estrela que teriam visto. Ele lhes ordenou que fossem a Belém e encontrassem a criança. "Ao encontrá-lo, avisai-me, para que também eu vá homenageá-lo." Assim, os três magos partiram na direção de Belém, guiados por uma estrela de brilho intenso, até o local onde estava a criança. Os magos entraram no estábulo e, ao encontrar o bebê e a sua mãe, Maria, ajoelharam-se e se puseram a rezar.

Eles abriram os tesouros que traziam e presentearam a criança com ouro, incenso e mirra.

Avisados por Deus, num sonho, para que não voltassem a encontrar com Herodes, os magos tomaram um caminho diferente em seu regresso. Depois da partida deles, um anjo disse a José em sonho: "Levanta-te, toma o menino e sua mãe e foge para o Egito. Fica lá até que te avise, pois Herodes vai procurar a criança para matá-la".

Herodes ficou furioso ao concluir que os magos tinham desobedecido às suas ordens. Mateus nos conta, em uma história sem embasamento histórico, que Herodes ordenou a seus soldados que matassem, em Belém e em seus arredores, todas as crianças com dois anos incompletos. A região toda foi abatida por um grande pesar – seu som característico ficou conhecido como lamento de Raquel, que chorou copiosamente a morte dos filhos, inconsolável com sua ausência.

Quando Herodes enfim morreu, um anjo anunciou outra vez em sonho a José que era hora de regressar a Israel com a criança e a mãe. Assim, a família voltou para a cidade de Nazaré, onde o menino cresceu, sábio e dotado de grande personalidade. A graça de Deus o abençoava.

Mãe Bendita

O PEQUENO LIVRO DE MARIA

O Menino no Templo

José e Maria iam ao templo todos os anos para a festa da Páscoa, e quando Jesus completou 12 anos acompanhou os pais. Depois da celebração, eles tomaram o caminho de volta para Nazaré, sem se dar conta de que Jesus havia ficado para trás em Jerusalém. Eles andaram quase um dia todo, antes de notar a ausência do menino na caravana e de voltar para Jerusalém para procurá-lo.

De fato, somente o encontrariam três dias depois, no Templo. E lá estava ele, sentado entre os doutores, a ouvi-los e a fazer perguntas. As pessoas ao seu redor estavam impressionadas com a inteligência do menino. Maria e José ficaram perplexos ao avistá-lo. Quando Maria perguntou ao filho por que ele não havia viajado com eles, Jesus respondeu: "Por que me procuráveis? Não sabíeis que eu estava na casa de meu Pai?" Sem bem compreender a resposta, Maria sentiu um sobressalto. A família então voltou para casa, em Nazaré.

O menino cresceu cada vez mais sábio, e como era sempre amável e vivia cheio de Graça, passou a ser adorado por todos que o conheciam.

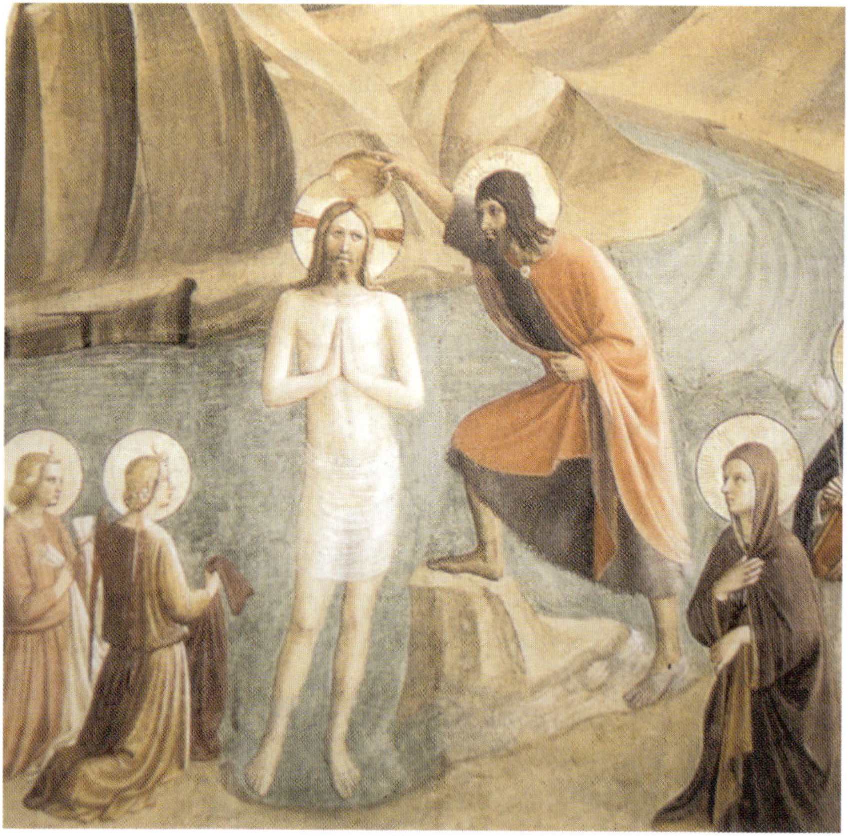

João Batista

Assim cresceram Jesus e seu primo João Batista. Pouco se sabe sobre ambos até bem próximo da idade de trinta anos. Nessa época, João cumpria a profecia e preparava o caminho para a vinda de Cristo. Ele havia abandonado a vida sacerdotal de seu pai e ido morar no deserto da Judéia, alimentando-se de gafanhotos e mel silvestre por anos a fio.

Em dado momento, ele compreendeu com clareza o significado de sua missão e passou a pregar uma nova mensagem. Ele afirmava que, diferentemente do que se acreditava, o simples fato de ser judeu não era garantia de salvação aos olhos de Deus. Era também preciso arrepender-se dos próprios pecados e, por meio de um novo rito de batismo, renunciar à própria vida e adotar uma nova postura. O rito de batismo conduzido por João se tornou uma iniciação, e os que eram mergulhados no rio saíam de lá aptos a assimilar os ensinamentos do novo Messias. Nas palavras de João Batista, eram como recém-nascidos. Morriam para o velho e renasciam para a vida nova.

Nos anos que se seguiram ao nascimento de Jesus e de João Batista, os relatos sobre milagres se espalharam rapidamente, criando uma enorme expectativa sobre a vinda do Messias. Muitos procuravam João para ouvir sua pregação e ser batizado. Eles queriam saber se não seria ele o Cristo. E João respondia, "Eu vos batizo com água para o arrependimento, mas aquele que vem depois de mim é mais forte do que eu. De fato, eu não sou digno nem ao menos de lhe tirar as sandálias. Ele vos batizará com o Espírito Santo e com fogo".

Um certo dia, Jesus foi ter com João, às margens do rio Jordão, para ser batizado. Ao ver o jovem se aproximar, João tentou demovê-lo: "Eu é que devo ser batizado por ti. E tu vens a mim?"

Jesus respondeu com humildade que assim deveria ser feito. João acatou e o batizou.

Depois de ser batizado, Jesus levantou-se da água e foi até a margem do rio. Naquele momento, João observou o céu se abrir e o Espírito de Deus descer sobre Jesus sob a forma de uma pomba branca. Uma voz ecoou dos céus dizendo: "Este é o meu Filho amado, em quem me comprazo".

Mãe Bendita

As Bodas de Caná

O batismo de Jesus por João Batista marca o início do ministério de Jesus. Com isso, o jovem deixou de ser o filho de Maria para ser reconhecido como o Messias. Dotada de uma profunda compreensão, Maria se tornou discípula do próprio filho. Na passagem das Bodas de Caná, Maria é lembrada como aquela que o estimulou em seu novo papel.

Jesus havia encontrado seus primeiros discípulos e foi convidado para ir com eles a um casamento. Maria também estava lá. A certa altura, ela percebeu que não havia mais vinho para os convidados, e disse a Jesus: "Eles não têm mais vinho".

E Jesus respondeu: "Que queres de mim, mulher? Minha hora ainda não chegou". Mas Maria foi até os criados e lhes ordenou que fizessem tudo o que Jesus mandasse. Passado um tempo, Jesus pediu aos criados que enchessem de água as seis talhas de pedra grandes que lá se encontravam. Eles obedeceram, completando-as até a borda. Jesus ordenou então que parte da água fosse servida aos convidados. Estes beberam o vinho, sem saber que há pouco aquilo não passava de água, e sem poder imaginar de onde a bebida teria vindo – mas os criados que haviam trazido a água sabiam.

Mãe Bendita

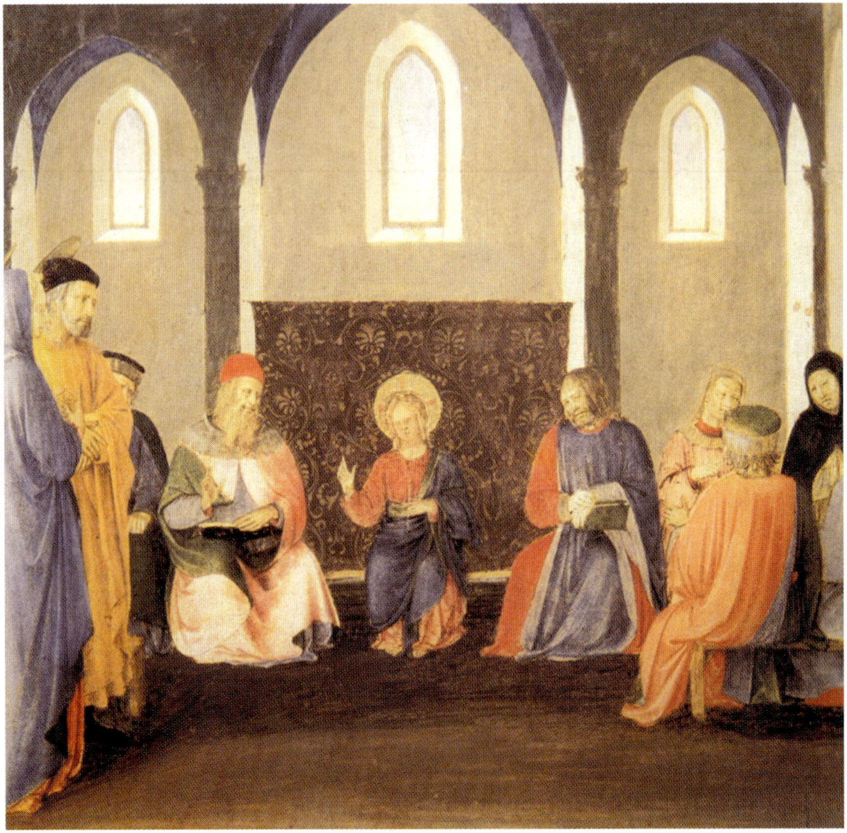

Quem é Minha Mãe?

Jesus começou suas peregrinações, pregando onde quer estivesse reunido um grupo de pessoas. Certa ocasião, sua mãe se aproximou junto com alguns familiares enquanto Jesus pregava. Um homem que estava na multidão o avisou: "Vê, tua mãe e teus parentes estão aqui, e têm algo a dizer".

"Quem é minha mãe e quem são meus irmãos?", perguntou Jesus. Ele apontou na direção dos discípulos e completou, "Vê! Aqui estão minha mãe e meus irmãos, porque aquele que fizer a vontade de meu Pai que está nos céus, esse é meu irmão, minha irmã e minha mãe."

Com essas palavras, ele confirmou ser o Filho de Deus, indicando que havia rompido todos os laços com o passado, a fim de que pudesse se dedicar àqueles abertos a receber seus ensinamentos. Ele falava com a autoridade de um homem que estava redefinindo as tradicionais formas do pensar para que Deus pudesse ser visto sob uma nova ótica.

Maria, mãe de Jesus, foi aclamada "bendita" por Deus. A profunda transformação pela qual ela passou depois de o anjo Gabriel lhe anunciar que ela conceberia um filho é mistério para nós. De alguma forma, ela pode ser comparada a um receptáculo vazio que acatou a palavra de Deus com humildade e misericórdia. Ela consentiu que o Espírito Santo se manifestasse por meio dela e foi testemunha do milagre de Cristo gerado em seu seio.

Embora ela não apareça em todas as passagens do breve ministério de Jesus na Galiléia até sua morte em Jerusalém, é possível supor que Maria tenha se tornado uma discípula dele, ou que ao menos o acompanhava sempre que possível. E quando ausente, ela certamente se mantinha informada de tudo o que acontecia a ele.

Jesus era precioso para Maria, como todo filho o é para sua mãe. Mas como ele era também um grande mestre e suas palavras tinham um significado especial para ela, Maria o acolheu como o Salvador muito antes de ele começar a pregar. Sua humildade e seu profundo amor a Deus foram decisivos para que ela pudesse desempenhar seu difícil papel e ainda testemunhar os acontecimentos da vida de Jesus.

Mãe Bendita

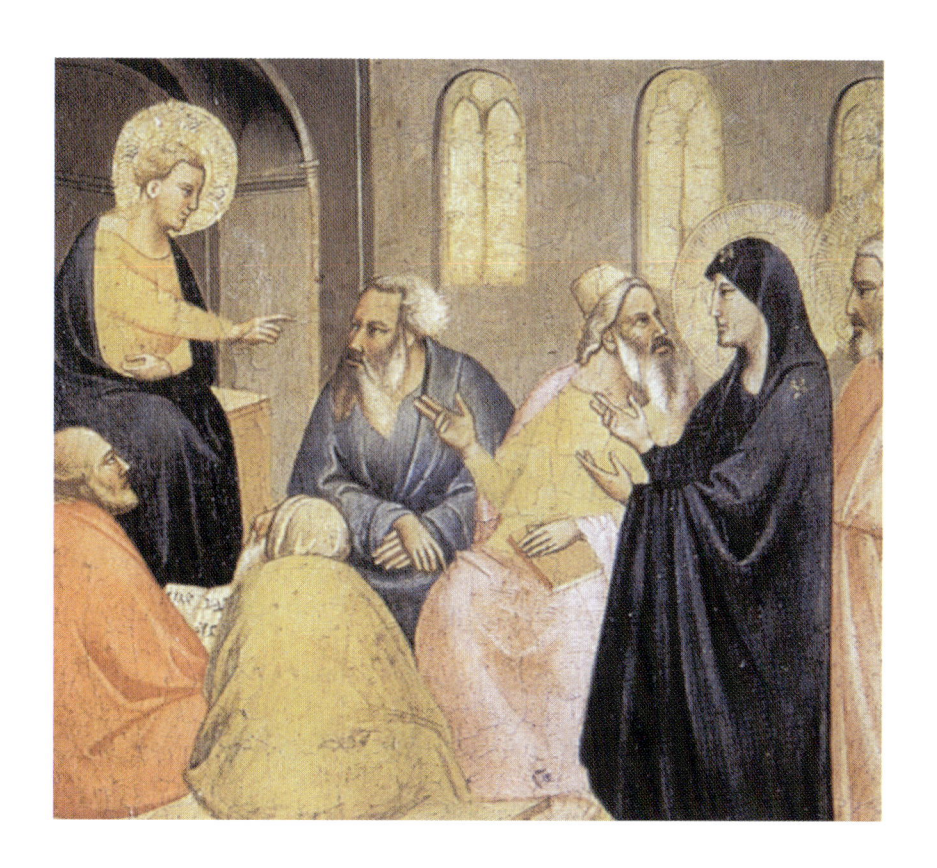

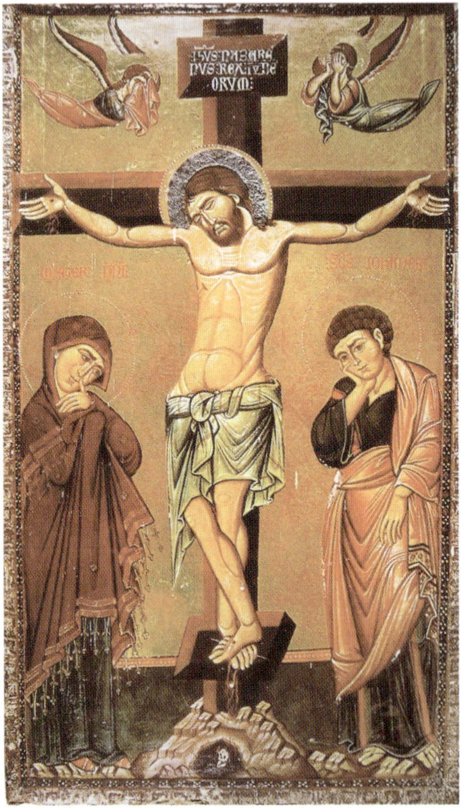

A Crucificação

A última menção a Maria nas histórias do Novo Testamento é como testemunha da crucificação em Jerusalém. Segundo o Evangelho de João, ela foi uma das poucas pessoas que se aproximaram de Jesus na cruz. Ela estava acompanhada de três outras mulheres também muito ligadas a ele: a irmã dela, a mulher de Cleofas, também de nome Maria, e Maria Madalena.

Jesus, ao olhar para baixo, notou que sua mãe chorava. O discípulo João estava próximo a eles. Jesus, apontando para João, sussurrou a Maria: "Mulher, eis aí teu filho!" E então disse a João: "Eis aí tua mãe!" Daquele momento em diante, João zelou por Maria, tal qual um filho.

A Bíblia ainda nos revela que depois da crucificação Maria se juntou aos demais discípulos para orar. Eles rezaram para que o espírito de seu Mestre permanecesse entre eles durante a celebração do Pentecostes; e pouco tempo depois foram agraciados com o milagre da aparição de Jesus para lhes dar as instruções finais.

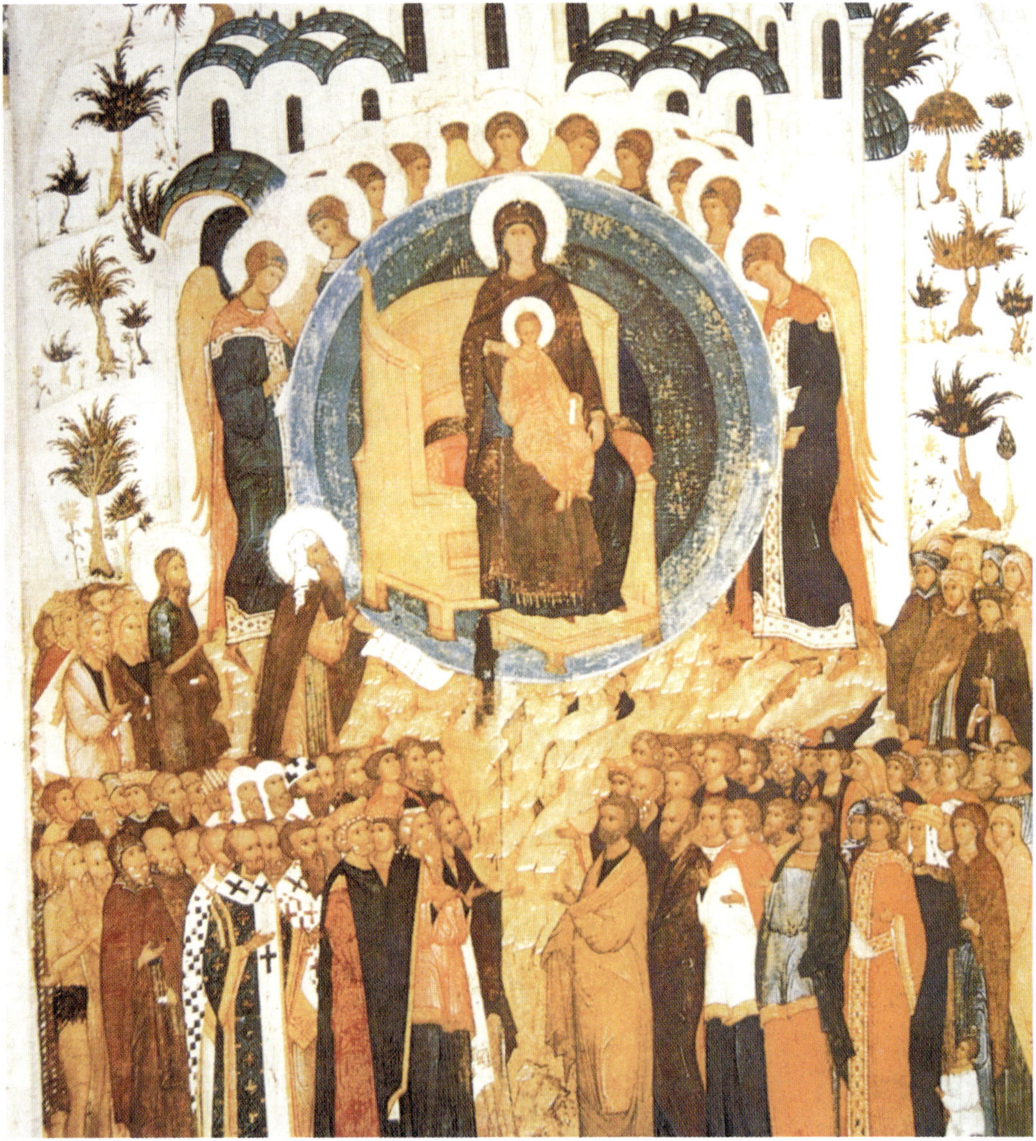

Filha de Sião

Embora existam poucos registros sobre Maria no Novo Testamento, muitas histórias sobre ela foram resgatadas ainda nos primórdios da Igreja. Há também muitas imagens simbólicas baseadas em mitos e lendas do Velho Testamento, creditadas a fontes apócrifas. Todas essas concepções seriam mais tarde retratadas na arte e na música, fazendo com que ao longo dos séculos Maria se tornasse uma figura de extrema importância espiritual.

Na obscura cidade de Belém, província da Judéia, nasceu o Messias tão aguardado pelos israelitas, filho de uma jovem virgem chamada Maria, que mais tarde viria a ser conhecida como a Filha de Sião, por causa de seu papel no cumprimento das profecias do Velho Testamento. Como Filha de Sião, ela não apenas se tornou a mãe de Cristo, como também deu vida ao florescimento de um profundo relacionamento entre Deus e o povo de Israel, que perdurou por milhares de anos.

Segundo os Evangelhos, o único registro bíblico contendo informações específicas sobre Maria, ela era uma mulher extremamente humilde, perfeitamente capaz de suportar um enorme sofrimento e ainda transformar esse sofrimento em amor.

Maria não buscou vingança pela morte do filho. Ao contrário, tornou-se símbolo de misericórdia e perdão.

Embora os Evangelhos tragam poucos registros sobre Maria, basta consultar o Velho Testamento para descobrir diversas referências feitas a ela no passado. Muitos profetas haviam proclamado a vinda do Messias e a mulher que o traria ao mundo. Eram usados símbolos para descrever o veículo por meio do qual Ele seria conhecido ou sobre como Ele surgiria. E, ainda que não ficasse claro como ela seria reconhecida, nem quando isso aconteceria, era tido como certo o seu aparecimento e o fato de que daria à luz o futuro Messias, a salvação do povo de Israel. O Messias seria conhecido por intermédio do corpo de uma mulher, a fim de operar a redenção do povo.

Para compreender com mais exatidão como esses símbolos e conceitos se desenvolveram, vale a pena analisar alguns dos conceitos registrados no Velho Testamento. Maria, a Virgem Mãe Bendita, é também a Filha de Sião. Sião é o antigo nome de Jerusalém; assim, o título "Filha de Sião" carrega ambas as conotações de esplendor e de maternidade, evocando ainda a imagem do mais sagrado centro de peregrinação e abrigo para refugiados.

Filha de Sião

Jerusalém

A primeira referência a Sião foi feita nos relatos sobre a conquista de Jerusalém por Davi. Considerado o maior rei de Israel e um dos personagens mais amados da Bíblia, Davi introduziu o país em um período de grande estabilidade espiritual e política.

O santuário de Urushalim, como era originalmente chamado, esteve sob o domínio dos jebuseus – um dos muitos povos que habitavam as terras de Caná – e posteriormente foi conquistado pelos israelitas. Arqueólogos sugerem que o forte chamado "Fortaleza de Sião" estaria localizado no topo de um monte numa das extremidades do povoado. Após sua vitória, Davi o rebatizou de "Cidade de Davi".

Graças à sua conformação física e à presença de água potável, o local assumiu uma importância estratégica para os israelitas, sendo que Davi o transformaria em capital de seu recém-conquistado reino. Ao longo do tempo, Jerusalém cresceu e encampou o monte do Templo. Durante a dedicação do Templo, Salomão, o filho herdeiro de Davi, mandou trazer a Arca da Aliança do Templo para a cidade de Davi, ou seja, Sião.

Filha de Sião

O PEQUENO LIVRO DE MARIA

A Arca da Aliança

A Arca da Aliança é considerada um dos objetos mais importantes nos relatos da Bíblia hebraica. A pequena arca de madeira simbolizava a presença de Deus em Israel. Sua construção era associada à aliança realizada entre Deus e seu povo escolhido na época de Moisés. Ela continha o maná (o pão dos céus), as tábuas com os Dez Mandamentos (a palavra de Deus) e a vara de Aarão (símbolo do mais alto sacerdócio de Israel), e ficava guardada no Tabernáculo.

Originalmente uma tenda móvel onde Moisés e os demais costumavam se reunir, com o tempo o Tabernáculo se tornou um templo onde se consultava a Deus. Do ponto de vista simbólico, ela passou a ser o local onde se podia perceber a presença de Deus entre seu povo, local no qual Ele se encontrava e se comunicava com eles. Sião passaria a ser não apenas o nome da cidade de Davi, mas também o Tabernáculo, a casa de Deus.

Tida como a casa de Deus, ou Iahweh como era chamado na Bíblia dos hebreus, Sião era a sede do trono de Deus. Retratada como um pico elevado que se estendia rumo ao céu, ela se transformou no ponto de convergência entre os céus e a Terra.

Sião

Acontecerá nos últimos tempos que a montanha da casa do Senhor estará plantada bem firme no topo das montanhas, dominando os mais altos morros. Para lá acorrerão os povos, as numerosas nações irão dizendo: "Vinde! Vamos subir à montanha do Senhor! Vamos ao templo de Jacó. Ele nos vai mostrar a sua estrada, e nós vamos trilhar por seus caminhos". Pois de Sião sai o ensinamento, e de Jerusalém vem a palavra do Senhor. (Miq. 4, 1-2)

Tendo Deus reinado em Sião como rei e defensor do povo de Israel, Sião se tornou um símbolo de segurança e de refúgio, principalmente para os pobres. Tais conceitos serviriam de fundamento para a sensação de inviolabilidade desse local. O povo de Jerusalém acreditava que Deus protegeria Seu trono contra as ameaças dos assírios e babilônios, e, por isso, Sião era vista como aquela que sobreviveria inclusive à destruição de Jerusalém.

Depois da destruição de Jerusalém e do Templo em 587/586 a.C., a esperança no futuro várias vezes esteve baseada na restauração de Sião; por extensão, Sião assumiu a conotação de uma mãe que carrega a vida nova em seu ventre.

Filha de Sião

O PEQUENO LIVRO DE MARIA

Outros Símbolos do Velho Testamento

Além do termo "Filha de Sião", há diversas outras profecias no Velho Testamento que fazem referência a Maria e estabelecem símbolos usados há tempos para retratá-la nas artes. A primeira delas é a escada de Jacó. Jacó, filho de Isaac, viu em sonho uma escada que levava ao céu. Com anjos subindo e descendo pelos degraus, essa escada servia para descrever o método pelo qual Deus entraria no mundo físico – papel seguramente desempenhado por Maria.

Outro símbolo do Velho Testamento usado para descrever Maria é a sarça ardente vista por Moisés. Um anjo do Senhor apareceu nas chamas do arbusto que, embora queimasse, não se consumia. Esse arbusto tem sido relacionado à pureza de Maria, pois, segundo se aprende, Maria deu à luz o Filho de Deus, e permaneceu pura e não perdeu a virgindade.

A virgindade de Maria é considerada por muitos como uma referência à pureza de seu coração e não ao seu estado físico. Nesse caso, o arbusto queimando constitui um símbolo muito apropriado que descreve a chama do amor no coração de Maria como um fogo que não se pode extinguir.

A Árvore de Jessé

Durante a Idade Média, a profecia do Velho Testamento segundo a qual o Messias nasceria na família de Jessé, pai de Davi, foi traduzida visualmente através de uma árvore genealógica. Deus prometera a Davi que seu reinado seria eterno, e que por meio dele e de suas sementes Deus salvaria Seu povo e abençoaria o mundo.

Jessé geralmente aparece na base da árvore que se ramifica entre seus descendentes. Assim, os ancestrais de Cristo são retratados nas ramificações que se formam na árvore, até culminar com a Virgem Maria e seu Filho.

O diagrama genealógico da linhagem de Cristo a partir de Jessé, pai de Davi, foi inspirado pela profecia de Isaías, "Um ramo sairá do tronco de Jessé e um rebento brotará de suas raízes". O ramo (*virga*, em latim) foi interpretado como sendo a Virgem Maria, e o rebento, Jesus. Em alguns quadros, a raiz da árvore se desenvolve como se brotasse da sarça ardente ou da escada de Jacó.

Filha de Sião

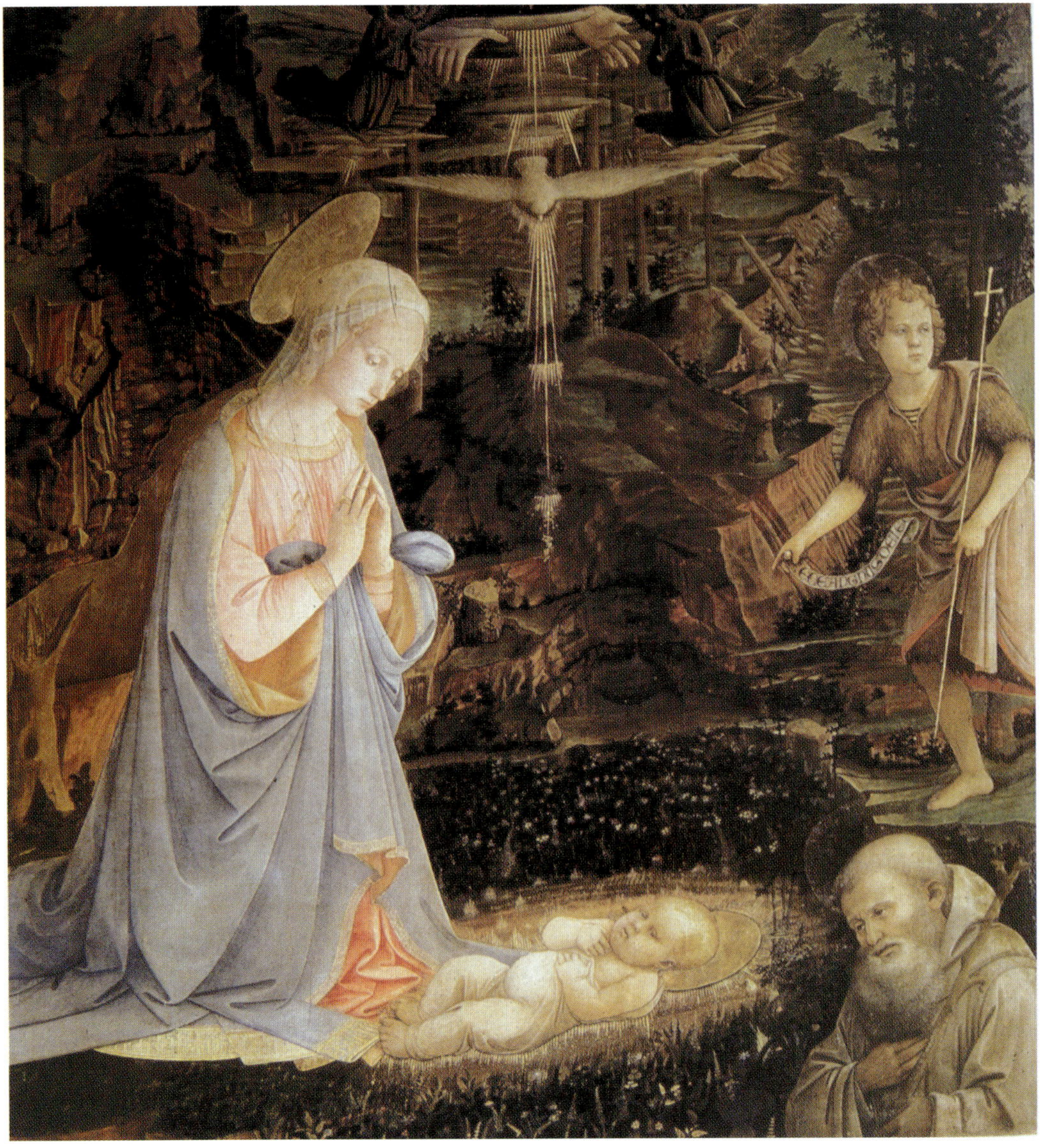

Virgem Maria

Os quatro evangelhos da Bíblia apresentam registros sobre a vida de Maria. Não existem comentários sobre seus pais, seu nascimento e nem sobre sua infância. Toda a informação de que dispomos sobre esses eventos nos foi trazida pela tradição dos primórdios da Igreja e está registrada no livro apócrifo chamado *Proto-evangelho de Tiago,* da metade do século II (em torno de 175 d.C.).

Os livros apócrifos são escritas cristãs que relatam determinados acontecimentos da vida de Jesus e de Maria que não foram incluídos nos Evangelhos. Embora a autenticidade dos escritos apócrifos não seja reconhecida pela Igreja Católica, muito do que eles relatam faz parte de fato da tradição da igreja primitiva.

Segundo o *Proto-evangelho de Tiago,* os pais de Maria se chamavam Ana e Joaquim e ambos se caracterizam pela retidão e pela profunda devoção ao Senhor. Joaquim descendia da casa real de Davi, e Ana da linha sacerdotal de Aarão. Sua única tristeza era o fato de ainda não terem filhos. De acordo com as tradições de sua fé, quando Deus abençoou Seu povo escolhido, Ele prometeu abençoá-los com muitos filhos, pois entre os judeus a esterilidade era considerada um sinal da rejeição divina.

Certo dia, Joaquim teve a visão de um anjo que lhe disse, "O Senhor ouviu suas preces e sua esposa Ana irá conceber e dar à luz uma menina, cujo nascimento será motivo de alegria para todo o mundo". Quando a criança nasceu e seu sexo foi anunciado, foi grande a celebração e os votos de agradecimento entre os que receberam a notícia.

A celebração pelo nascimento da "Bendita Virgem Maria" é uma das festas marianas mais antigas, ainda que não se saiba ao certo quando esse costume teve início. Segundo a tradição, Santa Helena, mãe do imperador Constantino, mandou construir uma basílica em Jerusalém, por volta do ano 330, em homenagem ao nascimento de Maria. Como era costume nos primeiros tempos, o nascimento da Virgem Maria era celebrado apenas localmente e sem grande cerimônia.

Apenas no século VII a comemoração da natividade de Maria chegou a Roma. Nos séculos que se seguiram, a data festiva passou a ser comemorada por todo o Ocidente, no dia 8 de setembro.

Virgem Maria

O PEQUENO LIVRO DE MARIA

Apresentação da Virgem Maria no Templo

Depois do anúncio do anjo, Joaquim e Ana haviam prometido consagrar a filha a Deus, assim, aos 3 anos de idade, Maria foi levada ao Templo. Amigos e familiares se reuniram e seguiram em procissão, acompanhando Maria até o pé da escada que levava ao Templo. Maria então subiu os degraus, sozinha, e foi recebida pelo Sumo Sacerdote, Zacarias, que, inspirado pelo Espírito Santo, disse, "O Senhor engrandeceu o teu nome diante de todas as gerações. No final dos tempos, manifestará em ti Sua redenção aos filhos de Israel". Depois Zacarias a sentou no terceiro degrau do altar e os presentes puderam observar a Graça do Senhor ser derramada sobre ela. A menina então dançou e todos se alegraram.

Maria permaneceu no Templo durante doze anos até que o conselho de sacerdotes se reuniu para decidir que destino dar a ela. Eles pediram a Zacarias que orasse por uma resposta; assim, ele se recolheu no Santo dos Santos e rezou. Um anjo veio a ele e lhe disse para reunir os viúvos do povo e que esperasse um sinal de Deus. Assim foi feito, e Zacarias, ao ver uma pomba sobrevoar a cabeça de José, disse-lhe: "José, tu és o eleito. Foste escolhido para acolher a virgem do Senhor".

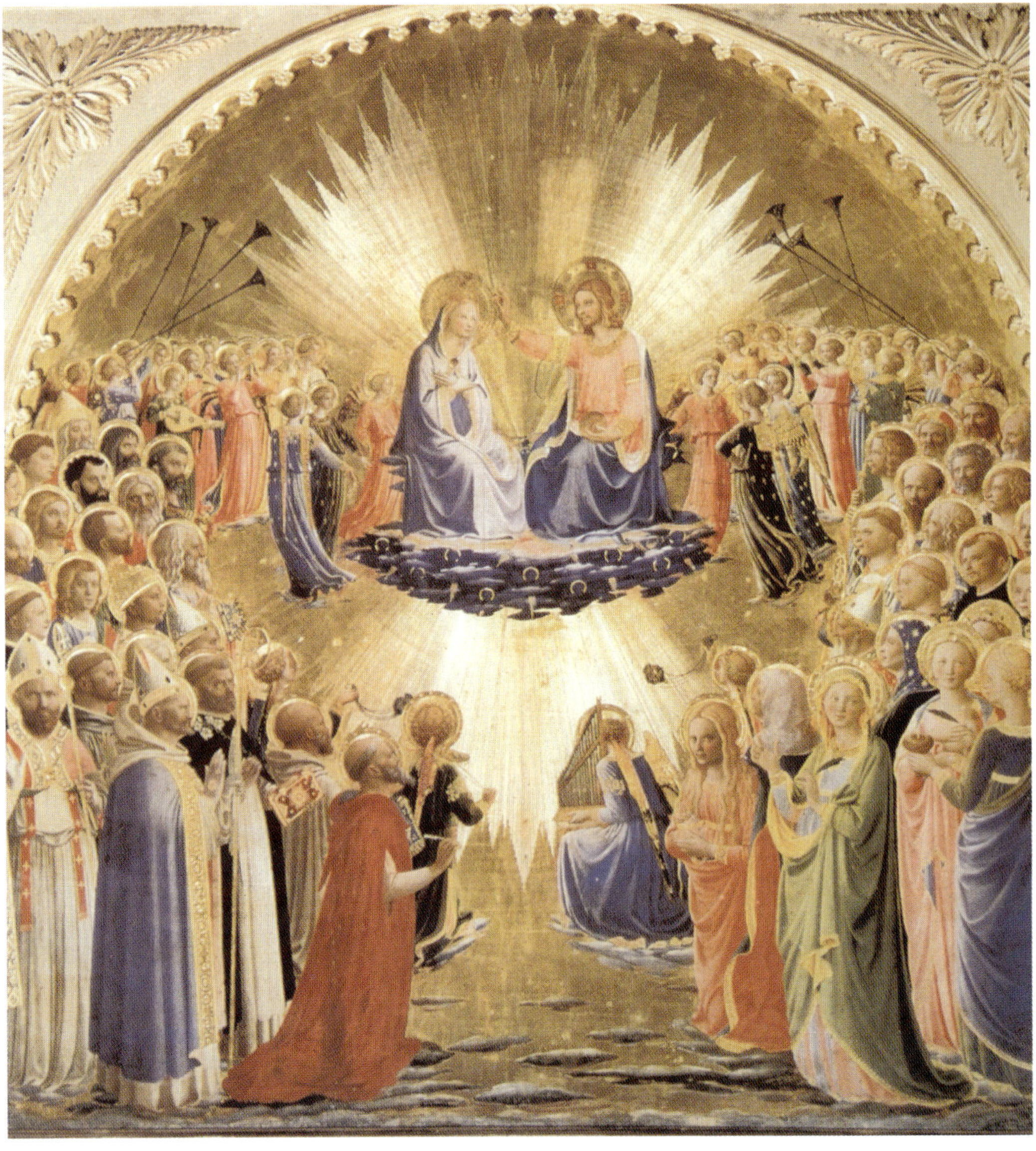

Rainha dos Céus

O tema da coroação celeste que fez de Maria a Rainha dos Céus é freqüentemente retratada na arte e na música sacras, numa referência à sua ascensão aos céus, onde ela passou a reinar na glória, ao lado de seu Filho Divino. O tema Rainha dos Céus se desenvolveu ao largo da história a partir de crenças, dogmas e declarações papais. Suas raízes datam dos tempos de crenças e práticas que antecedem o cristianismo.

A devoção a Maria teve início nos primeiros séculos depois da crucificação, quando a nova religiosidade começou a se espalhar pela Europa. Cristãos de todas as denominações já a veneravam desde essa época, embora com pequenas diferenças. Embora para muitos setores do cristianismo Maria seja muito mais uma figura histórica, para o catolicismo ela é uma entidade viva que intercede em prol da humanidade. Nesta seção veremos algumas das diferentes formas de devoção dedicadas a Maria, a Rainha dos Céus.

O papel central de Maria na Igreja Católica se reflete no fato de muitas paróquias terem altares laterais dedicados a ela. Maria também é celebrada nos principais centros de peregrinação, onde se acredita que ela tenha feito aparições.

Seus poderes miraculosos que auxiliam a todos que lhe dirigem orações lhe foram concedidos por Deus, e suas muitas intercessões em prol da humanidade são, na verdade, fruto do amor e da onipotência divinos.

Ao longo da história da humanidade, locais associados a uma determinada religião freqüentemente são aproveitados por outra que a segue. Essa era uma maneira de fortalecer a nova religião no coração dos recém-convertidos, permitindo que eles continuassem com os seus festejos e ritos, tão essenciais durante as colheitas e como parte de seu código social.

Nos primórdios do cristianismo, quando essa nova forma de religiosidade começava a se difundir pela Europa, os antigos deuses e deusas terrenos e seus festivais foram aos poucos incorporados. Em conseqüência, características de divindades de diferentes crenças se mesclaram às de santos e figuras proeminentes da Cristandade. A lua e as estrelas, símbolos de Diana, a deusa greco-romana da caça, foram associadas a Maria, que muitas vezes era chamada de Stella Maris – Estrela do Mar. Uma festa romana de purificação, celebrada sempre no final do inverno, foi transformada em Festa de Purificação da Imaculada Virgem Maria.

Rainha dos Céus

O PEQUENO LIVRO DE MARIA

O Rosário

O rosário é uma das formas mais populares de oração a Maria. Ele consiste num conjunto de contas que representam as orações a serem recitadas como forma de evocar Deus e de contemplar os mistérios da vida. São vinte os mistérios, diretamente relacionados à vida de Maria e de Jesus, que fazem parte das orações do rosário. Eles estão agrupados em cinco Mistérios Gozosos, cinco Mistérios Luminosos, cinco Mistérios Dolorosos e cinco Mistérios Gloriosos. Cada terça parte do rosário é chamada terço.

A palavra *rosário* significa "Coroa de Rosas", e ao longo dos séculos Maria tem aparecido a diversas pessoas para lembrá-las da importância da repetição de suas preces. Por diversas vezes ela reafirmou a importância de se rezar o rosário como forma singela de se professar a fé.

Assim como a rosa é considerada a rainha das flores, também o rosário é a rosa de todas as devoções. Ele é considerado uma oração perfeita, pois contempla a história da salvação. Uma prece curta chamada Ave-Maria serve de base para a recitação do rosário, sendo que, a cada repetição, oferecemos simbolicamente uma rosa a Maria. Cada rosário completo representa uma coroa de flores.

História do Rosário

Segundo contam, o surgimento do rosário data de 1214, quando um frade, Domingos (ou Dominique), tentava converter os albigenses ao cristianismo. Profundamente frustrado com seu fracasso, ele se retirou para uma caverna remota. Passados três dias de jejum e orações, ele desmaiou de exaustão e teve uma visão de Maria acompanhada por três princesas do Céu e quinze donzelas.

Ela o levantou, deu-lhe um beijo e lhe disse que um "ataque" contra a heresia de nada adiantaria; pelo contrário, o mal necessitava era de uma ação branda. Segundo ela, para que tivesse êxito em sua pregação, ele deveria estimular a recitação de seu saltério angélico. Ela então lhe entregou um rosário feito de contas com perfume de rosas, que, segundo a lenda, fora trazido de seu jardim no paraíso, e desapareceu.

Domingos se ergueu todo ereto, bem disposto e enlevado com o fervor do encontro. Ele foi imediatamente para a catedral da região, e ao entrar, anjos fizeram dobrar os sinos, chamando o povo. Com todos reunidos, Domingos começou a pregar.

Seu sermão mal tinha se iniciado, quando começou uma forte tempestade. A terra tremeu, o céu escureceu e todos ficaram assustados com a grande quantidade de raios e trovões. O temor aumentou ainda mais quando, ao olhar um quadro de Maria pendurado em local de destaque, eles testemunharam a Virgem levantar os braços para os céus três vezes para clamar o castigo divino sobre eles, caso não se convertessem, não modificassem seu estilo de vida e não buscassem proteção no Deus Cristão.

A tempestade só cedeu quando Domingos recitou uma oração; e com o céu aberto, ele retomou sua pregação. Tamanha era a devoção e o fervor com que ele explicou a importância e o valor do rosário que praticamente todos o adotaram. Eles renunciaram às suas falsas crenças e não tardaram a assumir uma vida cristã.

Inspirado pelo Espírito Santo e orientado pela Virgem Maria, o frade, canonizado São Domingos, dedicou o resto de sua vida à pregação do rosário. E o fazia tanto por meio do exemplo como de seus sermões, aonde quer que ele fosse e a todos que o escutassem. Ricos e pobres, cultos e incultos, jovens e velhos, todos passaram a recitar as preces ensinadas por ele.

O PEQUENO LIVRO DE MARIA

A Ave-Maria

A Ave-Maria, também conhecida como "Saudação Angélica", é a mais popular das preces católicas em louvor a Maria.

A oração da Ave-Maria consiste em três partes. A primeira é a saudação, "Ave Maria, cheia de Graça, o senhor esteja convosco e bendita sois vós entre as mulheres". Essa frase faz referência às palavras do anjo Gabriel ao anunciar o milagre da vinda de Cristo.

A segunda parte, "bendito seja o Fruto do vosso ventre", deriva da saudação feita por Isabel, fruto da inspiração divina, ao receber Maria em sua casa; e é também um meio de agradecer a Deus pelo presente miraculoso nascido do ventre de Maria.

A prece termina com a súplica "Santa Maria, Mãe de Deus, rogai por nós pecadores agora e na hora da nossa morte, Amém!". Essa parte da oração reafirma a confiança de que Maria pode interceder em nome dos que desejam a reconciliação com Deus.

Mistérios do Rosário

Durante séculos o rosário consistiu em quinze mistérios, que contemplavam os acontecimentos mais importantes da vida de Jesus, segundo relatos dos quatro Evangelhos. Esses por sua vez estavam divididos em três seqüências de cinco mistérios, e cada uma delas era recitada num determinado dia. Eram eles os Mistérios Gozosos (recitados às segundas e sábados), os Mistérios Dolorosos (recitados às terças e sextas) e os Mistérios Gloriosos (recitados às quartas e aos domingos).

Os Mistérios Gozosos contemplam o início da vida de Cristo na Terra. Os Mistérios Dolorosos nos ajudam a compreender o imenso amor de Jesus pela humanidade. Seu sofrimento e Sua Morte são um lembrete de como podemos ser transformados, em nossa vida diária. Os Mistérios Gloriosos nos falam sobre a possibilidade da ressurreição por meio de preces e da meditação.

Em 16 de outubro de 2002, o Papa João Paulo II instituiu cinco novos mistérios, aos quais ele nomeou os Mistérios da Luz, ou Mistérios Luminosos. Eles são contemplados às quintas-feiras e compreendem eventos pelos quais somos guiados pelo caminho da transformação. Conforme a luz se torna mais viva, a escuridão do mundo ao nosso redor diminui.

Rainha dos Céus

O PEQUENO LIVRO DE MARIA

Os Mistérios Gozosos

A anunciação (Humildade)
O anjo Gabriel visita Maria, para anunciar que ela será a Mãe de Deus.

A Visitação (Caridade)
Isabel saúda Maria: "Bendita sejais entre as mulheres e bendito seja o fruto do vosso ventre!"

A Natividade (Pobreza)
Maria dá à luz o Redentor do Mundo.

A Apresentação (Obediência)
A Mãe Bendita apresenta o Menino Jesus no Templo.

O Filho perdido no Templo (Piedade)
A Mãe Bendita reencontra Jesus no Templo em meio aos doutores.

Os Mistérios Dolorosos

A agonia no Horto das Oliveiras (Contrição)
Jesus reza em Getsêmani, contemplando os pecados do mundo.

A flagelação de Jesus atado à coluna (Pureza)
Jesus é cruelmente açoitado, até seu corpo não mais suportar.

A coroação com espinhos (Coragem)
Jesus recebe uma coroa de espinhos.

A via-crúcis, o caminho da cruz (Paciência)
Jesus carrega uma pesada cruz sobre os ombros até o monte Calvário.

A crucificação (Autonegação)
Jesus é pregado à cruz e morre depois de horas de agonia.

Rainha dos Céus

O PEQUENO LIVRO DE MARIA

Os Mistérios Gloriosos

A ressurreição (Fé)
Jesus se levanta, glorioso e imortal, ao terceiro dia de sua morte.

A ascensão (Esperança)
Jesus sobe aos céus quarenta dias após sua ressurreição.

A vinda do Espírito Santo (Amor)
O Espírito Santo é derramado sobre Maria e os Apóstolos

A Assunção de Nossa Senhora (Felicidade Eterna)
A Mãe Bendita se junta a seu Filho Divino no céu.

A Coroação (Devoção a Maria)
Maria é glorificada Rainha do Céu e da Terra.

Os Mistérios Luminosos

João Batista batiza Jesus no rio Jordão
Os céus se abrem e a voz do Pai aclama Jesus Seu Filho amado.

As Bodas de Caná
Primeira demonstração da graça de Jesus, que, sob a intercessão de Maria, transforma água em vinho, entre os crentes.

O Anúncio do Reino
Jesus proclama a vinda do reino de Deus, no qual os pecados de todos os que Dele se aproximarem na humildade da fé serão perdoados.

A Transfiguração
A glória de Deus resplandece na face de Cristo quando ele comanda os apóstolos maravilhados com suas palavras.

A Instituição da Eucaristia
Cristo se oferece de corpo e sangue em sacrifício.

Rainha dos Céus

O PEQUENO LIVRO DE MARIA

Feriados e Preces Consagrados a Maria

Maria é homenageada pela Igreja Católica em diversas datas ao longo do ano. O mês de maio é consagrado e dedicado a Maria, e o mês de outubro dedicado ao rosário.

1º de janeiro	Solenidade de Maria
8 de janeiro	Nossa Senhora do Pronto Socorro
1º de fevereiro	Nossa Senhora de Lourdes
2 de fevereiro	Apresentação do Senhor
25 de março	Anunciação
13 de maio	Nossa Senhora de Fátima
31 de maio	Visitação a Nossa Senhora
27 de junho	Nossa Senhora do Perpétuo Socorro
16 de julho	Nossa Senhora de Monte Carmelo
15 de agosto	Assunção de Nossa Senhora
22 de agosto	Nossa Senhora Rainha
8 de setembro	Natividade de Nossa Senhora
15 de setembro	Nossa Senhora das Dores
7 de outubro	Nossa Senhora do Rosário
12 de outubro	Nossa Senhora Aparecida
21 de novembro	Apresentação de Nossa Senhora
8 de dezembro	Imaculada Conceição de Nossa Senhora (por sua mãe Santa Ana)
12 de dezembro	Nossa Senhora de Guadalupe

Música

Preces a Maria e versos em sua homenagem são transformados em música desde os tempos medievais; são as conhecidas Antífonas da Virgem Maria. Muitas delas foram compostas sob a forma primitiva de canto monódico, e muitos compositores do século XVI compuseram séries de antífonas nesse que foi um rico período para a música litúrgica. A obra de Monteverdi, intitulada *As Vésperas da Santíssima Virgem Maria*, composta em 1610, é uma das composições marianas mais famosas.

O *Magnificat* de Johann Sebastian Bach (1685-1750) é uma reconhecida obra-prima. Haydn (1732-1809), Mozart (1756-1791) e Schubert (1797-1828), compositores famosos do século XVIII e do início do século XIX, compuseram melodias para algumas das orações de maior devoção, como a *Ave Maria* e a *Salve Regina*. No período romântico, Berlioz (1803-69) compôs um lindo oratório chamado *L'Enfance du Christ* [A Infância de Cristo].

O cântico devoto mariano ocupa um importante papel na liturgia da missa católica. Os hinários estão repletos de versos que proclamam a santidade e a pureza de Maria, e clamam por Deus a ela em nome dos fiéis.

Rainha dos Céus

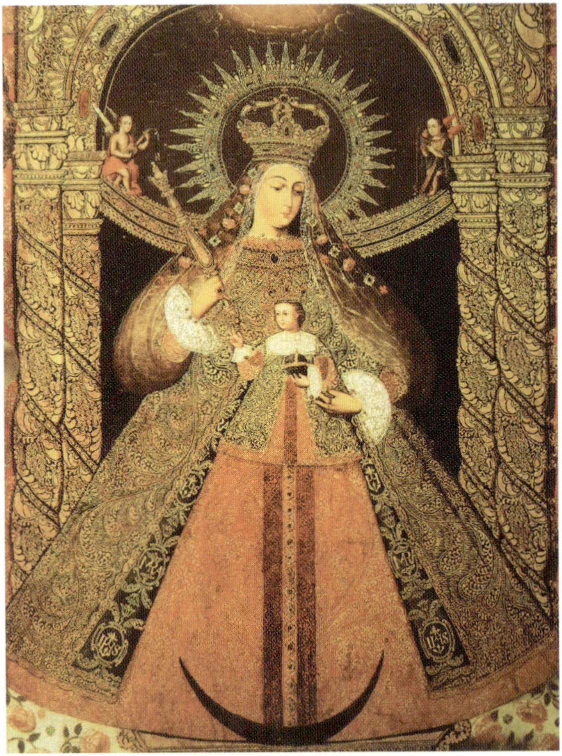

A Imaculada Conceição

A doutrina da Imaculada Conceição foi oficialmente instituída pelo Papa Pio IX em 1854. Segundo ela, Maria teria sido concebida por sua mãe, Santa Ana, e por seu pai, São Joaquim, livre do pecado original. A celebração da Imaculada Conceição de Maria acontece anualmente em 8 de dezembro.

Como há muita confusão sobre o assunto, é importante lembrar que a doutrina da Imaculada Conceição não tem relação com a concepção de Cristo no ventre de Maria.

A Imaculada Conceição se refere a Maria. Ou seja, Ana e Joaquim a conceberam da forma natural, mas ainda assim ela nasceu livre do pecado original. Sua santidade foi preservada pela graça de Deus para que ela pudesse dar à luz o Messias.

A Assunção

Os católicos acreditam que, no final da sua vida na Terra, Maria foi "elevada" ao céu, de corpo e alma. Essa convicção foi defendida por São Gregório de Tours no século VI. Uma antiga tradição dizia que todos os apóstolos testemunharam sua morte, mas quando seu túmulo foi aberto, anos depois, ele estava vazio. No dia 1º de novembro de 1950, o Papa Pio XII definiu como artigo de fé o dogma da Assunção da Santíssima Virgem Maria, celebrado anualmente no dia 15 de agosto.

Segundo a doutrina da Assunção, no fim de sua vida na Terra, Maria subiu aos céus exatamente como os profetas Enoque, Elias, e talvez outros tantos, teriam feito antes dela. Importante salientar que, segundo a doutrina, o termo Assunção não significa que Maria tenha subido aos céus. Jesus Cristo subiu aos céus, por obra de seu poder. Maria foi "elevada" ou "levada" aos céus por Deus, e não por poder próprio.

Os cristãos têm convicção de que os bons entrarão no reino dos céus e terão seus pecados perdoados. E Maria, tendo sido a primeira pessoa a acolher a Boa Nova de Jesus, recebeu a graça que um dia será estendida a todos.

Rainha dos Céus

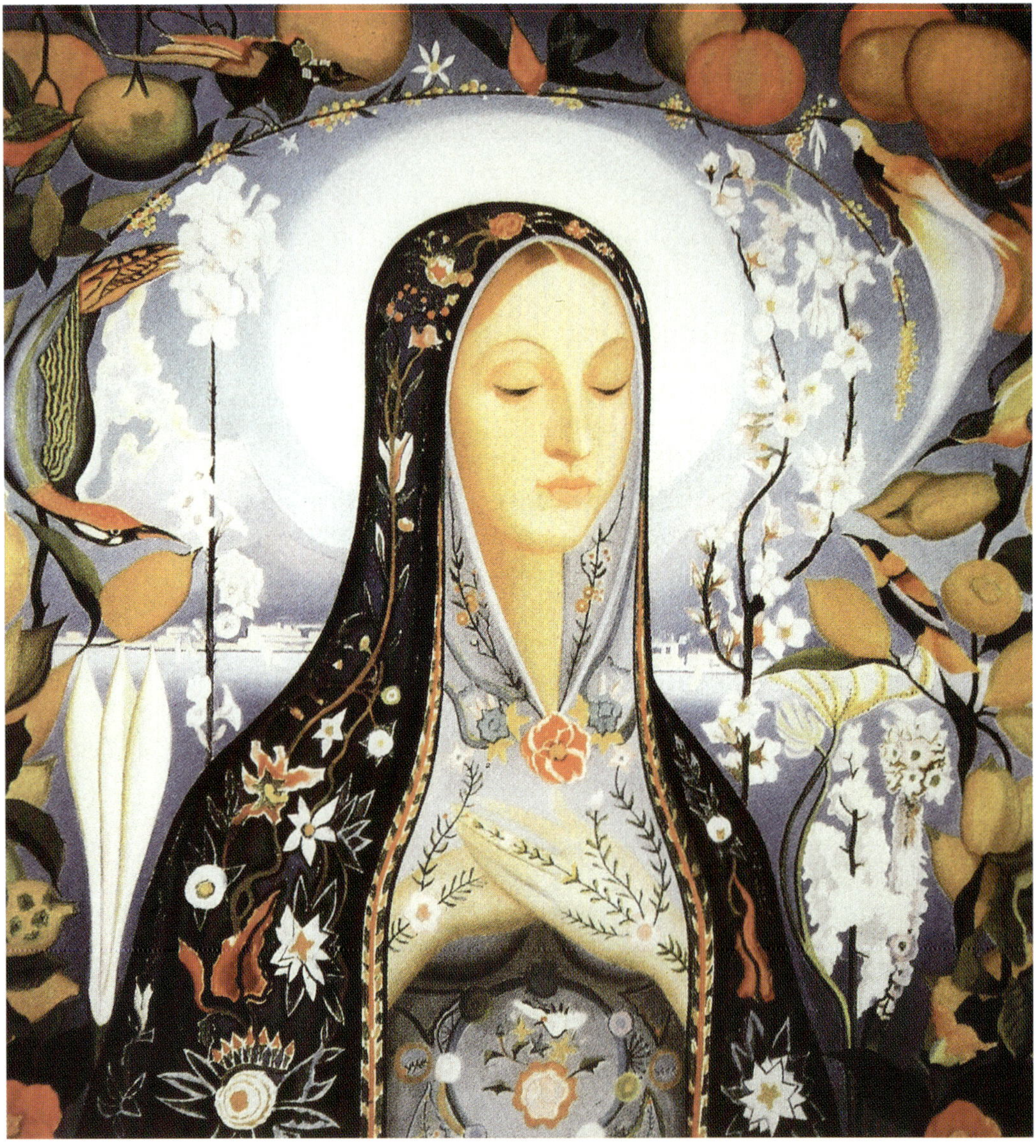

Rosa Mística

Há quase dois milênios Maria, a mãe de Jesus, vem se destacando como a figura feminina mais importante da cultura ocidental. Na religião, na música e arte sacras, e como fonte inspiradora para a construção das mais belas catedrais, ela recebeu diferentes títulos, entre eles: Rainha da Paz e da Misericórdia, Alegria de Israel, Porta do Céu, Refúgio dos Pecadores e Santa Mãe de Deus.

Uma enorme variedade de símbolos cuja conotação remete a Maria foi incorporada à música e à poesia; mas, sem sombra de dúvida, os mais populares são os jardins floridos. Antes do surgimento do cristianismo, as flores eram associadas principalmente a entidades pagãs. Na verdade, o universo natural em sua totalidade era habitado pelo espírito da divindade, manifesto de formas variadas. Quando o cristianismo superou o paganismo, as flores foram "cristianizadas", e muitas delas foram reconsagradas a Maria.

Os fiéis reconheciam virtudes de Maria espelhadas nas ervas e flores que cresciam ao seu redor, e por isso batizaram muitas delas em sua homenagem. As lendas relativas a flores nasceram da tentativa de se estabelecer uma conexão entre suas características e os acontecimentos do cotidiano de Maria.

As rosas e os lírios, em especial, são freqüentemente associados a Maria. Segundo conta uma lenda do século II, quando a tumba onde ela havia sido enterrada foi aberta para provar a Tomé que o corpo dela havia sido elevado aos céus, o local estava repleto dessas duas espécies de flores.

As lendas sobre rosas atingiram seu ápice no século XII, e versavam o seguinte: A rosa alba adquiriu a coloração rosa quando Maria ficou corada no momento da Anunciação; a rosa natalina brotou de uma roseira para que o humilde pastor tivesse o que ofertar ao Menino Jesus; e a rosa-de-jericó marca o lugar onde a Sagrada Família descansou durante sua fuga para o Egito.

Centenas de outras flores e ervas foram batizadas em homenagem a Maria. A violeta foi associada à humildade e se tornou símbolo da modéstia de Nossa Senhora. Conta-se que elas se abriram quando da visita do arcanjo Gabriel a Maria para anunciar sua gravidez milagrosa. Os botões de milefólio, por se assemelharem a um chinelo, foram batizados "sapatos de Nossa Senhora". Diz-se que brotaram no chão onde Maria pisou durante sua ida à casa de Isabel. Como suas flores pequeninas também lembram pombinhas, elas também representam o Espírito Santo e simbolizam a inocência de Maria. O galanto é tido como símbolo da pureza de Maria, e como floresce em fevereiro, durante os festejos da purificação, recebeu o título de "flor da purificação".

Rosa Mística

O PEQUENO LIVRO DE MARIA

Na Itália e em outros países da Europa, no dia da festa a imagem de Maria é retirada do altar e em seu lugar são colocados botões de galanto. A calêndula era conhecida pelos primeiros cristãos como "ouro de Maria". Eles costumavam colocá-la ao redor das imagens da Virgem, ofertando a ela botões de flor em lugar de moedas. Conta uma lenda que, durante a fuga para o Egito, a Sagrada Família teria sido atacada por um bando de ladrões que teria levado a bolsa de Maria; quando a bolsa foi aberta, caíram dela flores de calêndula.

Na Sicília, conta-se que o azevinho abriu seus galhos para esconder a Sagrada Família quando os soldados do rei Herodes se aproximaram dela durante a fuga para o Egito. Durante a fuga, eles teriam ainda se abrigado sob um pé de alecrim, e outro de crematis. Dizem que, durante a viagem, Maria descansou sobre uma cama de relva-do-olimpo, que por isso passou a ser chamada de "colchão de Nossa Senhora". Já o alecrim passou a exalar sua fragrância característica depois que Maria pendurou seus lençóis nos galhos dessa erva. O mesmo teria acontecido com a lavanda, que ganhou seu perfume após Maria estender as roupas do Menino Jesus para secar sobre ela; por isso ela também ficou conhecida como "varal de Maria".

O cardo foi apelidado "cardo-de-santa-maria" (também conhecido como "cardo-de-nossa senhora" ou "cardo-mariano"). Conta-se que suas folhas ficaram pintadas depois que gotas de leite caíram sobre ele, enquanto Maria amamentava Jesus. O mesmo teria acontecido a folhas de prímula (primavera). Já o lírio-do-vale ficou conhecido como "lágrimas de Maria", pois, segundo se conta, as lágrimas derramadas por Maria ao pé da cruz se transformaram nessa flor. Na língua inglesa, o morango é também chamado de "virgem fértil". Conta a lenda que a mãe que perde o filho não deve comer morangos nesse triste dia, do contrário, ao chegar ao céu, a criança será posta de lado por Maria que dirá: "Sua mãe comeu a sua parte".

A campânula azul recebeu o título de "dedal de Nossa Senhora"; já as gavinhas da madressilva se tornaram os "dedos de Nossa Senhora"; e a dedaleira, cujos botões lembram luvas, foi apelidada de "luvas-de-nossa-senhora". Uma lenda conta que Jesus pendurou botões de fúcsia (brincos-de-princesa), em formato de pingente, nas orelhas da mãe, e a planta passou então a se chamar "brincos de Nossa Senhora" (ou brincos-de-rainha). A balsamina (maria-sem-vergonha) também é conhecida por alguns como "brincos de Nossa Senhora".

Há ainda muitas ervas batizadas em homenagem a Maria. A hortelã comum ficou conhecida como "menta de Santa Maria". O orégano era tido como "flor da mãe de Deus". A monarda e a melissa foram ambas apelidadas "doce Maria". A gatária virou "urtiga de Maria"; e a sálvia, "manto de Maria". O dente-

Rosa Mística

de-leão na língua inglesa é apelidado "amargura de Maria". E tem quem diga que a manjedoura foi forrada com hortelã e poejo.

Durante séculos, muitos outros símbolos além das flores foram associados a Maria. Os mais notáveis são as cores de suas vestes – quase sempre, o azul e o branco. Segundo a simbologia das cores, o branco representa a pureza e o azul a sabedoria. Os símbolos retirados do Velho Testamento são a sarça ardente, a Arca da Aliança e a Árvore de Jessé. Além disso, ela é sempre associada à maçã e à serpente, numa alusão à sua correlação com Eva.

As estrelas são um outro símbolo curioso freqüentemente associado a Maria. Na noite do nascimento de Jesus, Sirius, a estrela do Oriente, e Órion, a estrela do Ocidente – chamadas de "Três Reis" pelos astrônomos orientais – estavam visíveis no céu. A constelação de Virgem (a Virgem) despontava no leste. A maior e mais brilhante estrela da constelação de Virgem se chama Espiga – como a do milho, que desde a antiguidade é considerada um símbolo da fertilidade. Maria, aliás, não raro, aparece segurando uma espiga.

A constelação de Virgem é formada por três estrelas em formato de cálice – quem sabe, até, inspirada no Santo Graal. O cálice na simbologia cristã é onde se guarda o vinho, isto é, o sangue de Jesus, sendo por isso considerado o repositório do sagrado e da santidade.

Rosa Mística

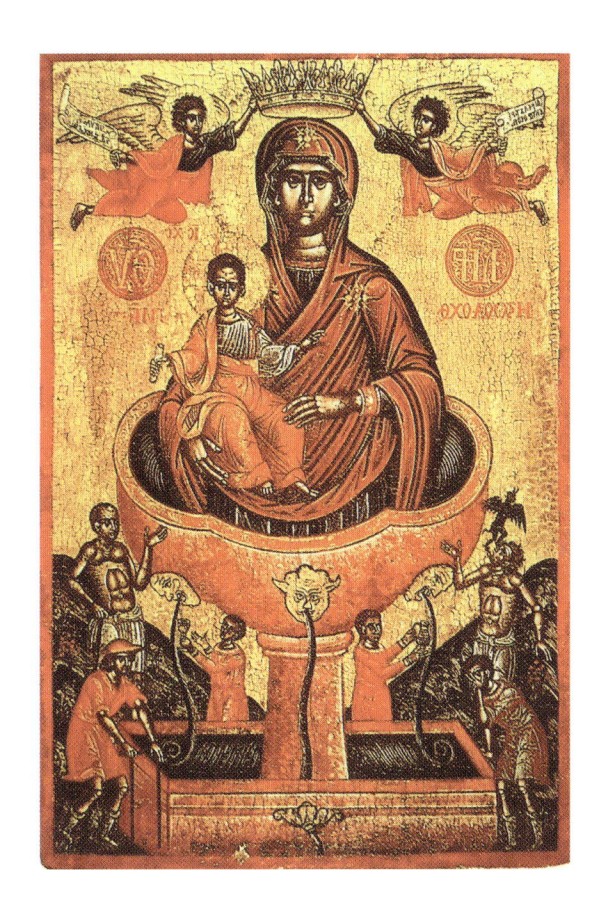

ПРЕДСТАНОВЕНЇЕ НА ГОРѢ ѲАВОРСТѢЙ ПРЕЧ[ИСТОЙ] Б[ОГОРОДИ]ЦА   АРХАНГЕ[Л] МИХАИЛ

Mãe de Misericórdia

A Cristandade bíblica está embasada no masculino, pois, ainda que antigas tradições e religiões pagãs se refiram ao Espírito Santo como sendo mulher, o Deus Pai, o Filho e o Espírito Santo são essencialmente personagens masculinos. Boa parte das antigas religiões pagãs substituídas pelo cristianismo se firmava em figuras femininas e na veneração de deusas mães associadas à fertilidade e às estações. Assim, acredita-se que, desde os primeiros tempos da Igreja, a veneração a Maria serviu para garantir o equilíbrio necessário entre homens e mulheres.

Com isso em mente, é interessante considerar a tradição das "Madonas Negras", também conhecidas como "Virgens Negras". A veneração às Virgens Negras antecede o início da era Cristã, e em suas formas mais primitivas tinha primazia sobre o mundo antigo.

Historiadores, como Gerald Massey, acreditam que a estátua de Ísis, a deusa egípcia, segurando o menino Hórus nos braços seria a primeira Madona e o Menino, que mais tarde teriam sido rebatizados Maria e Jesus quando a Europa foi cristianizada. Gerald escreveu: "Legiões romanas carregaram a imagem da negra Ísis com o menino Hórus no colo por toda a Europa, e templos foram erguidos a ela por todo o continente. E esses templos eram tão sagrados e venerados que, quando o cristianismo invadiu a Europa, as imagens de Ísis carregando Hórus, em lugar de serem destruídas, foram transformadas em imagens da Virgem com o Menino. Esses templos continuam a figurar até hoje, entre os lugares mais sagrados da Europa católica".

Títulos como "A Grande Mãe" pertenciam originalmente a Ísis. O termo "Madona", inclusive, tem origem no latim, *Mater Domina*, título usado por Ísis. O mês de maio, que costumava ser dedicado às Virgens Mães pagãs, tornou-se o mês de Maria, a Virgem Cristã.

Ainda com relação ao tom de pele das Virgens Negras, é curioso o fato de que em aramaico, a língua de Jesus, a mesma palavra pode significar "negro" e "aflito, triste". O aramaico era um idioma extremamente descritivo, e por meio de sua inferência estabeleceu-se uma ligação entre Maria e Ísis, que, em sua busca por Osíris, era caracterizada como aflita.

No início da era cristã, na Europa, estátuas de antigas deusas com freqüência foram substituídas por imagens de Maria. É possível que as primeiras Virgens Negras tenham substituído as deusas terrenas convertidas ao cristianismo – como Ceres, a deusa romana da fertilidade na agricultura, cujo equivalente em grego, Deméter, deriva de *Ge-meter*, ou Mãe Terra.

Mãe de Misericórdia

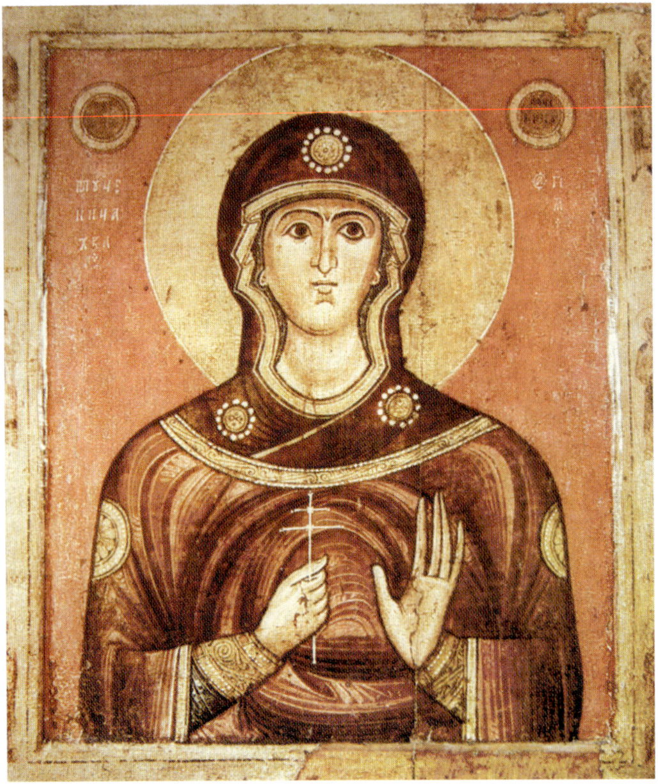

Vale notar também que o solo mais fértil é sempre o de coloração mais escura. Quanto mais negro o solo, mais adequado ao cultivo.

Segundo as raízes do cristianismo, como são compreendidas atualmente, o conceito de Mãe Terra também aparece na passagem de Adão e Eva. Muitos traçam um paralelo entre Adão, em Gênesis, e Cristo, no Novo Testamento, no qual este é chamado de o "Novo Adão". O mesmo raciocínio estabelece um paralelo entre a terra e Maria, chamada "Nova Eva".

Santo Agostinho (354-430) assim escreveu: "A Virgem Maria representa a terra e Jesus é o fruto dessa terra". O simbolismo dessa afirmação está ligado ao rito de batismo introduzido por João Batista, e ao qual Cristo sempre fazia referência. Maria não só é relacionada à terra como fonte de fertilidade e de vida nova, mas como um agente da morte e do renascimento, por meio do qual "tudo nasce da terra e a ela retorna".

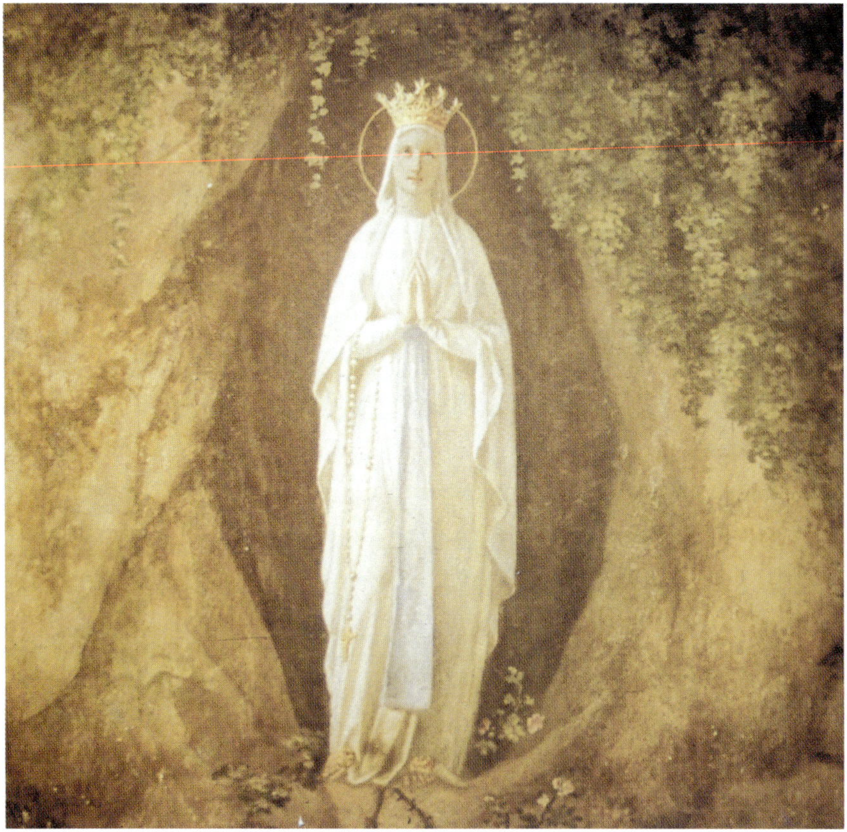

Aparições de Maria

Além da relação entre Maria e as deusas terrenas, há outro aspecto seu característico de suas raízes femininas e do mistério da vida encerrado pelas deusas. Diferentemente das figuras masculinas do Pai, do Filho e do Espírito Santo, Maria fez diversas aparições por todo o mundo, sendo que, ao longo dos séculos, inúmeros milagres e conversões foram atribuídos a ela. Nos locais de suas aparições foram erguidos santuários e igrejas, que rapidamente se tornaram destinos de peregrinações de seus devotos.

Os detalhes relativos às aparições de Maria apresentam consistência a despeito do local e época em que aconteceram. Ela em geral aparece em meio a um globo repleto de pura luz branca, vestindo um vestido longo recoberto por um manto ou véu. Seus pés geralmente estão envoltos em neblina ou em uma nuvem, e ela às vezes traz o Filho nos braços.

Diversas aparições foram precedidas por fenômenos atípicos como raios ou trovões rompendo o céu azul, aparições de seres angelicais ou nuvens com formatos incomuns e símbolos religiosos como uma cruz ou um portal; além de acontecimentos inexplicáveis.

As páginas a seguir trazem relatos sobre algumas poucas aparições de Maria ao longo da história cristã. Críveis ou incríveis, a verdade é que todos atestam que os símbolos e entidades femininas desde sempre instilaram os corações dos que crêem neles.

Os primeiros relatos sobre aparições de Maria tiveram início no ano 40 da era cristã, e desde então ela continuou a aparecer a intervalos irregulares nos últimos dois mil anos. Maria convoca inocentes e necessitados, e normalmente se apresenta dizendo o próprio nome. Na maioria dos casos pediu especificamente para que se erigisse um santuário ou igreja em sua homenagem. Ela costuma falar aos escolhidos usando o idioma ou dialeto locais, e sempre fornece provas convincentes de que suas aparições são reais.

Mãe de Misericórdia

O PEQUENO LIVRO DE MARIA

Nossa Senhora do Pilar
Saragoça, Espanha (cerca de 40 d.C.)

Depois da crucificação, ressurreição e ascensão de Jesus, seus apóstolos passaram a divulgar a mensagem dele por toda Israel e pelo Império Romano. Há relatos de que um desses apóstolos, chamado Tiago (o Grande), viajou até a região de Saragoça, no extremo oeste da Espanha, onde foi abatido pela falta de ânimo, por considerar que falhara no cumprimento de sua missão. Certo dia, enquanto rezava compenetrado, Maria apareceu a ele e lhe entregou uma pequena imagem de madeira dela mesma e um ramo de zimbro, e lhe ordenou que construísse uma igreja em homenagem a ela.

No ano seguinte, Tiago construiu uma capela que originou a primeira igreja consagrada a Maria. Em seguida, Tiago voltou a Jerusalém, onde morreria executado por Herodes Agripa, por volta do ano 44 d.C. Alguns de seus discípulos enviaram o corpo dele anos mais tarde à Espanha. A rainha espanhola, constatando os diversos milagres recebidos pelos discípulos de Tiago, converteu-se ao cristianismo. Ela ainda permitiu que o corpo de Tiago fosse sepultado em um cemitério local. Oito séculos depois, uma catedral foi erguida próximo ao túmulo dele, no local onde um ermitão alegou ter visto uma estranha formação estelar. O local da catedral recebeu o nome de Compostela (campo estrelado), e figura como importante centro mundial de peregrinação.

Nossa Senhora de Walsingham
Walsingham, Inglaterra (cerca de 1061)

Lady Richeldis de Faverches era uma viúva que morava em Walsingham, na Inglaterra. Em uma série de visões, Maria mostrou a ela a casa em Nazaré onde o arcanjo Gabriel lhe anunciara o nascimento de Jesus. Ela pediu a Lady de Faverches que construísse uma réplica da casa e que ela fosse dedicada à Anunciação.

Tempos depois, uma igreja foi construída ao redor da casa para protegê-la das intempéries. Durante a Idade Média, Walsingham se tornou um dos centros de peregrinação mais populares da Europa. O rei Henrique VIII fez três peregrinações até lá, antes de romper com a Igreja Católica e de fundar a Igreja da Inglaterra – ocasião em que ordenou a destruição de todos os santuários católicos e locais de devoção religiosa. Assim, a casa e a igreja de Walsingham foram destruídas nos ataques que se seguiram.

Na década de 1920 a Casa Sagrada de Walsingham foi reconstruída. Uma pequena capela chamada Slipper Chapel ("capela do chinelo", pois todos entravam nela descalços) havia escapado à destruição, tendo se tornado um Santuário Católico para Nossa Senhora, na Inglaterra. Ambos os locais voltaram a ser centros de peregrinação.

Mãe de Misericórdia

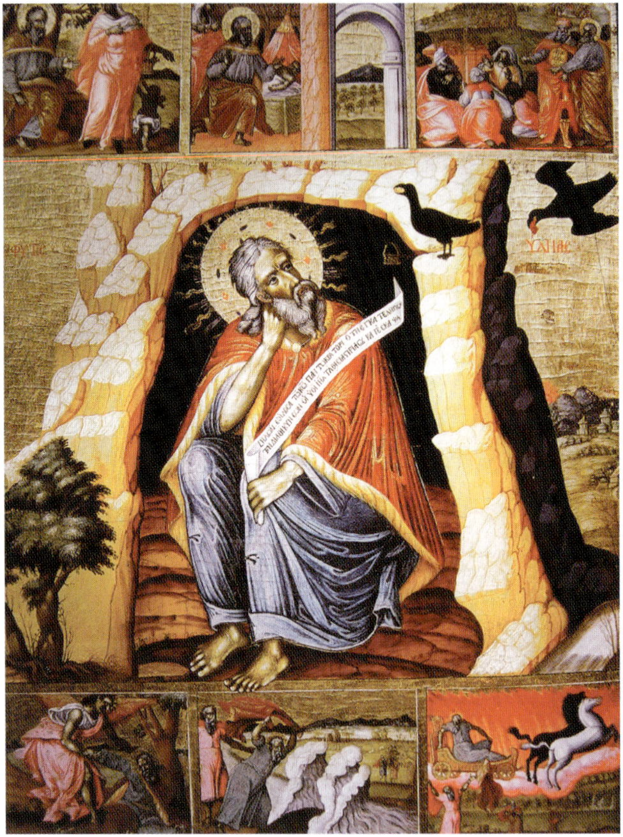

Nossa Senhora de Monte Carmelo
Aylesford, Inglaterra (1251)

O monte Carmelo original, localizado em Israel, serviu de moradia para o primeiro e mais importante dentre os profetas judeus, Elias, que derrotou os profetas pagãos do Baal. Dizem que ele viveu lá em uma caverna, no século IX a.C. Há muitas histórias a seu respeito: ele ordenou que caísse fogo do céu para impressionar seus inimigos; ele foi alimentado por corvos; ele viu uma nuvem, do tamanho de mão humana, trazer chuva para amenizar a seca de Israel, e na qual pôde se ver a Filha de Sião; e, por fim, ele não morreu, e sim teria sido levado aos céus numa carruagem de fogo.

João Batista de Saint Aléxis, que construiu o primeiro mosteiro no monte Carmelo, disse que Deus revelara o dogma da Imaculada Conceição para Elias em uma nuvem. Ele também contou a história sobre a visita que Maria fizera à caverna de Elias, ainda menina, e afirmou que Jesus se abrigara lá com Maria e José em seu regresso a Nazaré depois da fuga para o Egito.

As visões de Elias serviram de inspiração para dar origem à Ordem das Carmelitas, no século XII. A ordem superou a tradição ermitã, na qual homens e mulheres adotavam uma vida de clausura e orações em locais sagrados na Terra Santa. Os primeiros monges carmelitas eram devotos de Maria, e fizeram dela sua padroeira. Quando a vida no Oriente Médio foi ameaçada pelas cruzadas, eles deixaram a Terra Santa e se estabeleceram em diferentes lugares no Ocidente. Os poucos monges que ficaram para trás foram massacrados durante a invasão dos muçulmanos.

Muitos anos depois, o frei Simão Stock, de Aylesford, Inglaterra, teve uma visão da Virgem Maria durante uma peregrinação à Terra Santa. Ela confiou a ele um Escapulário Castanho (duas faixas de lã bordadas com a silhueta da Virgem de Monte Carmelo, costuradas a um cordão, a ser usado por sobre o ombro). "Meu filho amado, use este escapulário representando sua Ordem. Ele é um sinal de distinção especial que confeccionei para você e para todos que me reverenciarem no futuro como Nossa Senhora de Monte Carmelo. Os que morrerem usando esse escapulário serão poupados do fogo eterno. Ele é um emblema da salvação e um escudo para os momentos de perigo, um sinal de proteção e uma súplica especial pela paz, até o fim dos dias."

Depois dessa aparição, o escapulário se tornou um dos símbolos religiosos mais populares como sinal de dedicação pessoal à missão de Maria. O frei Stock dedicou-se a fundar comunidades carmelitas na Inglaterra, na França e na Itália.

Mãe de Misericórdia

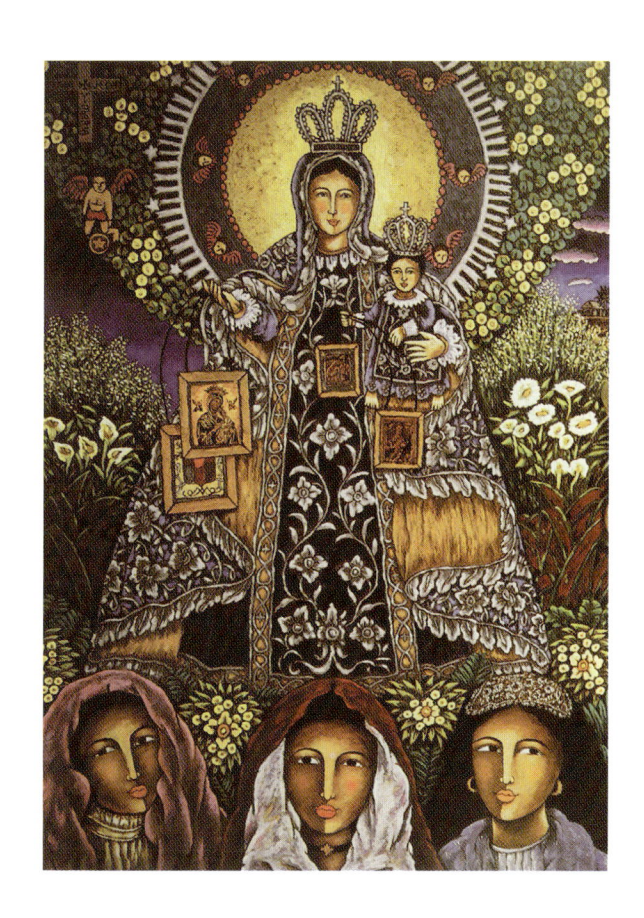

O PEQUENO LIVRO DE MARIA

A Virgem Negra
Czestochowa, Polônia (1382)

A Madona Negra é um quadro da Virgem e do Menino Jesus que se acredita tenha sido pintado por São Lucas sobre o tampo de uma mesa feita pelo carpinteiro Jesus. Segundo a lenda, enquanto ele a pintava, Maria lhe contou sobre episódios da vida de Jesus; histórias essas que seriam gradualmente incorporadas ao Evangelho de Lucas.

O quadro esteve desaparecido até o ano de 326 d.C., e teria sido encontrado por Santa Helena em Jerusalém, durante uma peregrinação. Ela, por sua vez, deu-o a seu filho, Constantino, que mandou construir um santuário para abrigá-lo, em Constantinopla. Durante uma importante batalha contra os sarracenos, o retrato que fora pendurado numa das paredes da muralha que circundava a cidade recebeu os créditos pela vitória.

Posteriormente, o quadro pertenceu a Carlos Magno, que o deu de presente para o príncipe Leo da Rutênia, com quem permaneceu até uma invasão ocorrida no século XI. Como resposta às preces à Virgem, uma névoa escura baixou sobre as tropas inimigas. Confusos, os soldados invasores começaram a se atacar entre si, e a Rutênia foi salva.

No século XIV, o quadro foi transferido para o monte da Luz, na Polônia, por causa de um pedido da Virgem feito em sonho. Em 1382, durante um ataque tártaro ao forte do príncipe Ladislau, a pintura foi atingida por uma flecha, que ficou cravada na garganta da Virgem. Para evitar que ele próprio e o quadro fossem capturados pelos inimigos, o príncipe fugiu durante a noite para a cidade de Czestochowa, onde a imagem foi colocada em uma igreja. Tempos depois, foi construído um mosteiro para dar maior proteção ao quadro, mas este foi saqueado por hussitas invasores que queriam se apoderar da pintura. Um dos saqueadores desferiu dois golpes de espada na imagem, e, antes que a atingisse uma terceira vez, caiu contorcendo-se em agonia e morreu. As marcas no rosto e o ferimento a flecha no pescoço permanecem visíveis na imagem até hoje.

Em 1655, a Polônia toda sucumbiu ao ataque do exército sueco, à exceção dos soldados que estavam no mosteiro para defender a imagem, e resistiram bravamente ao ataque. Depois de o exército polonês conseguir expulsar os invasores, a Nossa Senhora de Czestochowa tornou-se símbolo da unidade nacional e foi proclamada Padroeira da Polônia. Ao longo dos séculos, foram inúmeros os relatos sobre curas espontâneas e outros milagres, na presença do quadro. Segundo contam, a imagem recebeu o nome de Virgem Negra devido ao acúmulo de fuligem que acabou alterando a pigmentação da tinta, resultado de séculos de velas acesas em sua homenagem.

Mãe de Misericórdia

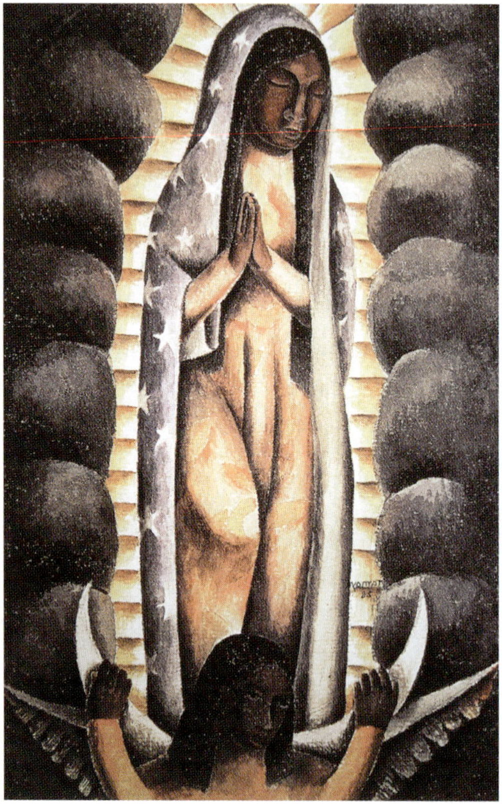

Santa Maria de Guadalupe
Guadalupe, México (1531)

Certo dia, enquanto se dirigia a uma capela próxima ao monte Tepayac, Juan Diego, um índio asteca convertido ao cristianismo durante a conquista espanhola sobre o México, viu uma linda senhora envolta em uma bola de fogo radiante como o sol. Disse ela, em dialeto local: "Filho querido, eu o amo. Sou a Virgem Maria, e desejo que se erga uma igreja neste local para que seu povo possa conhecer a minha compaixão. Todo aquele que pedir a minha ajuda em seu trabalho e em suas aflições tocará o meu coração. Compreenderei suas lágrimas e o consolarei; assim, encontrará paz. Portanto, vá logo a Tenochtitlan (Cidade do México) e conte ao bispo o que viu e ouviu".

Juan, que nunca havia estado em Tenochtitlan, atendeu prontamente ao chamado de Maria. Ele foi até a residência do bispo e solicitou uma audiência. No entanto, depois de aguardar por horas a fio, o bispo limitou-se a dizer que estudaria o pedido da Virgem. Juan ficou desapontado e se abateu com a sensação de impotência que o tomou. Ele então voltou à montanha onde havia visto Maria, que o aguardava. Ele implorou para que ela mandasse outra pessoa, mas ela respondeu: "Meu filho, eu poderia ter mandado muitos outros, mas você é o meu escolhido".

Ela pediu a ele que voltasse no dia seguinte e que repetisse o pedido ao bispo. Depois de mais uma longa espera, Juan conseguiu falar com o bispo, que solicitou a ele que pedisse à Virgem um sinal que comprovasse sua identidade. Juan, obediente, foi novamente à montanha e contou a Maria sobre o pedido do bispo, ao que ela respondeu: "Não tema. O bispo terá um sinal. Volte aqui amanhã. Vá em paz, filho".

Por um infortúnio, Juan não pôde voltar no dia seguinte, pois um tio seu ficou gravemente enfermo. No outro dia, com o homem já agonizante, Juan saiu em busca de um padre, e ao passar pelo monte Tepayac encontrou Maria à sua espera. "Tenha calma, meu filho. Você se encontra sob o alcance da minha proteção. Seu tio não morrerá agora e não há por que chamar um padre. A saúde dele está sendo restaurada enquanto eu lhe falo. Vá colher algumas flores e as traga para mim".

Apesar da baixa temperatura e da neve, Juan acatou as instruções de Maria e subiu ao topo do monte, onde se surpreendeu ao encontrar lindas rosas em flor com o clima tão adverso. Ele então colheu uma braçada delas e as levou a Maria, que ao ajeitar as flores disse: "Este maço de rosas é o sinal que envio ao bispo. Diga a ele que requisito todo o esforço dele para erguer uma igreja aqui neste local. Mostre estas flores a ninguém mais que não o bispo em pessoa. Você é meu embaixador. Desta vez, o bispo confiará em suas palavras".

No palácio episcopal, Juan se pôs diante do bispo e abriu o casaco para revelar as flores a ele. No entanto, não foi a beleza das rosas que fez o bispo cair de joelhos. Presa ao casaco do rapaz havia uma imagem da Santa Virgem exatamente idêntica à descrição dele.

Ao voltar para sua aldeia naquela noite, Juan encontrou o tio completamente restabelecido. Segundo o tio, ele havia encontrado uma jovem que dissera ter enviado Juan a Tenochtitlan levando um retrato seu. Ela disse: "Chame a mim e à minha imagem Santa Maria de Guadalupe".

Em seis anos, seis milhões de astecas se converteram ao catolicismo. A imagem que aparecera misteriosamente sob o casaco de Juan foi submetida à fumaça de velas e fogueiras, à água das enchentes e a tempestades torrenciais. Em 1921, uma bomba foi colocada sob seu altar por um grupo anticlerical. Ainda assim, o quadro permanece intacto!

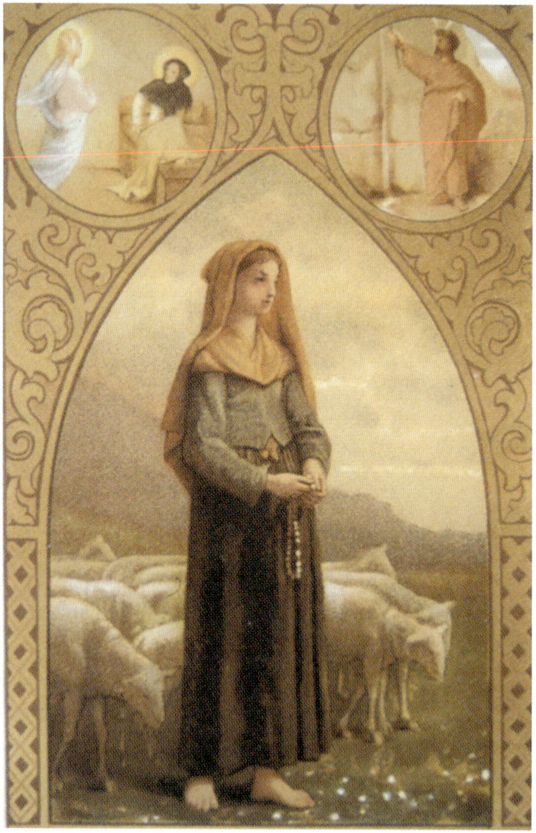

Nossa Senhora de Lourdes
Lourdes, França (1858)

A França enfrentava um período conturbado. Bernadette Soubirous, uma jovem de 14 anos, pobre e com a saúde debilitada, morava na cidade de Lourdes, nos Pireneus. Certo dia, ela, sua irmã Marie Toinette e uma amiga foram até um riacho nas redondezas apanhar lenha. Marie e a amiga já haviam atravessado o riacho para procurar na outra margem, quando Bernadette ouviu um estrondo vindo de uma gruta próxima conhecida como Massabielle. A jovem viu uma flor brotar na frente da gruta e uma nuvem dourada sair de dentro dela. Pouco depois, uma linda senhora apareceu na entrada da gruta por sobre a roseira. Ela sorriu para Bernadette e fez sinal para que ela se aproximasse. O temor inicial de Bernadette se esvaiu completamente e ela se pôs a rezar de joelhos. Terminada a oração, a senhora se retirou discretamente para o interior da gruta e desapareceu.

Durante um período de seis meses, Bernadette testemunhou dezoito aparições de Maria. Mas, até a última aparição, ela não fazia idéia de quem se tratava. Em uma das oportunidades, Maria instruiu Bernadette a cavar um buraco no chão e a usar a água que se formasse nele para beber e para se banhar. O buraco mais tarde se tornaria uma fonte de água, com a promessa de Maria de curar todos os doentes que nela se banhassem. Maria também pediu a Bernadette que dissesse ao pároco da região, padre Peyramale, para erigir uma capela em honra de suas aparições naquele local. O padre, por sua vez, acusou Bernadette de ter inventado sobre as aparições. Instruiu-a a tentar descobrir a verdadeira identidade da mulher e a exigir que ela realizasse o prodígio de fazer florescer o botão de flor na entrada da gruta.

Em 25 de março, dia da Anunciação, Maria atendeu ao pedido do padre e revelou sua identidade a Bernadette: "Que soy era Immaculada Councepcion!" [Eu sou a Imaculada Conceição]. O Papa Pio IX havia declarado a Imaculada Conceição dogma de fé, poucos anos antes, mas era pouco provável que Bernadette, uma jovem de apenas 14 anos do interior da França, de pouca cultura e que conhecia apenas os rudimentos da educação religiosa, soubesse a respeito daquilo.

A autenticidade das aparições de Lourdes foi confirmada em 1862, e o lugar rapidamente se tornou um dos destinos de peregrinação mais populares do mundo. Milhares foram curados de uma grande variedade de doenças, físicas e espirituais, e uma clínica construída para dar apoio aos peregrinos que vão a Lourdes funciona até os dias de hoje. Bernadette voltou ao anonimato, sendo canonizada em 1933, em nome de uma vida marcada pela humildade e pelo serviço.

Mãe de Misericórdia

O PEQUENO LIVRO DE MARIA

A Virgem de Fátima
Portugal (1917)

No início do século XX, Portugal enfrentou sérios levantes políticos e uma profunda crise econômica. O momento exigia soluções radicais, e em 1911 Alfonso Costa, o chefe de estado, fez saber que as medidas a serem adotadas incluiriam a total eliminação do catolicismo "num prazo de duas gerações".

Na primavera de 1916, aos 9 anos de idade, a menina Lúcia dos Santos e seus dois primos, Francisco, de 8, e Jacinta Marto, de 6 anos, cuidavam das ovelhas num pasto nos arredores do vilarejo de Fátima, quando começou a chover. Eles buscaram abrigo numa gruta e, quando a chuva passou, as crianças continuaram ali para almoçar e recitar o rosário, como faziam sempre. De repente o vento soprou forte e surgiu uma luz branca intensa. Em meio à luz, apareceu um rapaz que lhes disse: "Não temam! Eu sou o Anjo da Paz. Orem comigo!" As crianças, imitando o anjo, ajoelharam-se e começaram a repetir suas palavras. Terminada a oração, o anjo recomendou a elas que rezassem da mesma forma todos os dias.

Poucos meses depois, o anjo tornou a aparecer. Novamente ele insistiu para que as crianças oferecessem suas preces diariamente. "Jesus e Maria têm planos para vocês, mas isso exigirá sacrifícios". As crianças indagaram a ele que sacrifícios seriam e o anjo respondeu: "Ofereçam todas as suas ações em reparação, como súplica pela conversão dos pecadores. Se assim o fizerem, seu país encontrará a paz. Sou o anjo da guarda de Portugal".

O anjo apareceu uma terceira vez no outono. Dessa vez, trazia um cálice na mão, sobre o qual segurava uma hóstia. O anjo se ajoelhou e ensinou uma nova oração às crianças, recomendando-lhes que a memorizassem e a recitassem diariamente. Então, ele se levantou, ofereceu a hóstia a Lúcia e o conteúdo do cálice a Jacinta e Francisco.

Num domingo, dia 13 de maio de 1917, as crianças cuidavam do rebanho numa região chamada Cova da Iria, a menos de dois quilômetros de onde moravam. Uma luz radiante cortou o céu num repente. Pensando tratar-se de uma tempestade, os pastorinhos recolheram o rebanho para voltar para casa. Ao descerem a montanha, eles foram surpreendidos por um novo raio de luz, que os deixou bastante assustados, procurando ao redor. Eis que então, sobre um pequeno pé de azinheira e envolta em uma linda luz, apareceu uma senhora vestida de branco, segurando um terço. Disse-lhes ela: "Não tenham medo. Não os molestarei".

Os pastorinhos, confusos, quiseram saber de onde ela havia saído. "Vim do céu", respondeu ela, e lhes pediu que retornassem àquele mesmo lugar por seis meses consecutivos, todo dia 13, no mesmo horário, prometendo que no futuro lhes revelaria sua missão. E acrescentou: "Vocês sofrerão, mas a graça de Deus será o seu amparo. Se fizerem o que eu vos disser, salvar-se-ão muitas almas e terão paz". Ela abriu as mãos num gesto carinhoso e os conclamou a recitar o rosário todos os dias, em nome da paz no mundo e do fim da guerra. Depois, desapareceu.

As crianças voltaram à Cova da Iria no dia 13 de junho, acompanhadas de cerca de cinqüenta pessoas. A senhora apareceu-lhes novamente e contou-lhes que Francisco e Jacinta seriam, em breve, levados ao céu, e que Lúcia permaneceria na Terra.

Em 13 de julho, eles tiveram uma nova visão. Dessa vez Lúcia disse: "Gostaria de lhe pedir que nos revele quem é e que opere um milagre para que a multidão possa acreditar na sua aparição". A senhora prometeu que o faria em 13 de outubro. "É preciso que se emendem; que peçam perdão dos seus pecados e rezem sempre. Quando meu pedido for atendido, a Rússia se converterá e, então, reinará a paz. Senão, ela (a Rússia) espalhará os seus erros pelo mundo, promovendo guerras e perseguições à Igreja. Os bons serão martirizados, o Santo Padre sofrerá muito e várias nações serão dizimadas."

O PEQUENO LIVRO DE MARIA

Em 13 de agosto, as crianças foram levadas pelo administrador do conselho. Elas foram interrogadas em separado sob a ameaça de que as outras haviam sido fritas em óleo quente por terem mentido. Como os três deram versões idênticas, eles puderam partir. A senhora então apareceu novamente para eles, assegurando que cumpriria a promessa de operar um milagre no mês de outubro seguinte e pedindo que fosse erguida uma capela na Cova da Iria.

No dia 13 de setembro, milhares de pessoas se reuniram no vale ao meio-dia. E, embora a senhora tenha aparecido e falado às três crianças, os demais nada testemunharam.

No dia 13 de outubro, uma multidão ainda maior se reuniu. O dia estava nublado e sombrio. Depois de falar com as crianças e pedir a elas que continuassem a rezar, a senhora disse: "Sou a Senhora do Rosário. Rezem o terço todos os dias e alcançarão a paz no mundo". Então ela abriu as mãos e lançou um raio de luz em direção ao Sol. Lúcia gritou para a multidão para que todos olhassem para o Sol.

A chuva cessou de repente, dando lugar a uma luz radiante. O Sol começou a girar projetando feixes de luz de cor intensa que clareou e tingiu as nuvens, o céu, as árvores e a multidão. Por uns instantes, o Sol parou de se mover, e de repente voltou a girar dando a impressão de que cairia sobre os presentes. Assustados, todos se ajoelharam e rogaram por sua misericórdia. Nessa hora, os três pastorinhos puderam ver a senhora com uma veste branca radiante como o Sol e um manto azul. São José e o menino Jesus estavam ao lado dela, e Cristo abençoou o mundo.

Poucos dias depois um importante jornal de Lisboa noticiou o evento. "Às 13 horas, no horário de Sol a pino, a chuva parou. O Sol, de um cinza-perolado, iluminou a paisagem árida com sua estranha luz. O Sol parecia recoberto com um véu de gaze transparente, o que permitiu que a multidão pudesse admirá-lo. O cinza-perolado do céu cedeu lugar ao prata, rasgando as nuvens. E o Sol, também prateado, envolto pela mesma luz acetinada, começou a girar descontrolado. Um grito de clamor ecoou na multidão e todos se ajoelharam no chão enlameado. Os raios de luz assumiram um bonito tom de azul e, como se atravessasse o vitral de uma catedral, banhou os fiéis, todos ajoelhados e com as mãos estendidas. O azul foi desbotando devagarzinho e a luz parecia agora atravessar um vidro amarelo. Os raios cor de âmbar se espalharam por sobre os lenços brancos e as saias pretas das mulheres. Podia ser visto nas árvores, nas pedras e na serra. Os fiéis choravam e rezavam, tocados pelo milagre que acabavam de vivenciar."

Mãe de Misericórdia

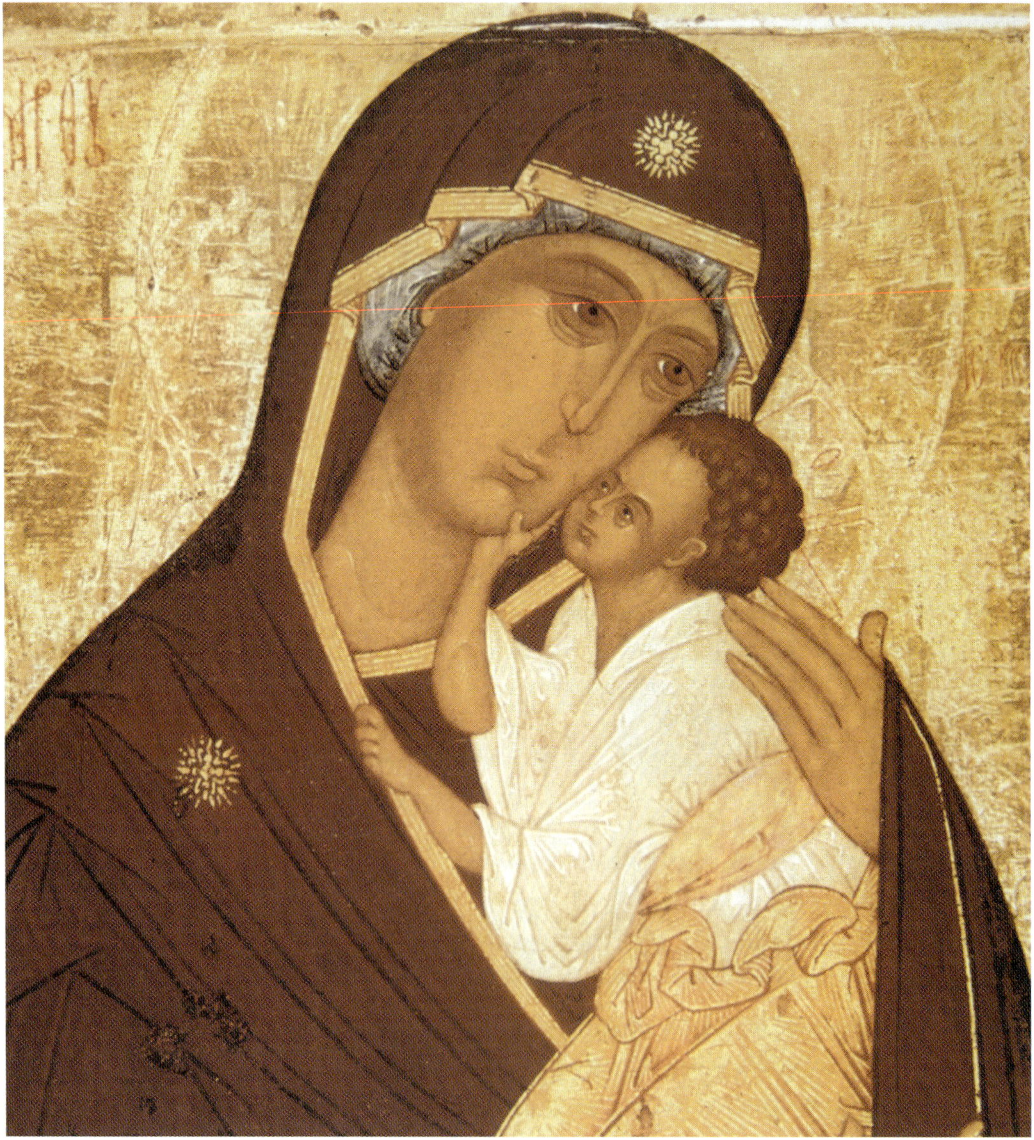

Uma Prece a Maria

Minha rainha amantíssima, minha esperança, ó Mãe do Altíssimo,
Refúgio dos perdidos e eterna defensora dos viajantes,
Alegria dos fracos e aflitos,
Mãe Protetora, que conhece as minhas necessidades,
E compreende meu dilema.
Socorrei-me, fraco que estou. Guiai-me, em minha jornada.
Cuidai da minha dor, livrai-me dela,
Segundo a vossa vontade.
Pois sois meu único socorro,
Minha única proteção e meu único conforto.
Somente vós, ó Mãe do Altíssimo,
Para me preservar e me proteger para sempre. Amém.

Extraída da Liturgia do dia do Ícone da Mãe de Deus Odigitria de Smolensk.
[Tradução livre]

Agradecimentos

Capa: *Virgem e o Menino – Renascença*; Ali Meyer/Corbis

p. 4: *Maria e o Apóstolo João* (detalhe); Galeria Nacional, Sófia, Bulgária

p. 6: *A Virgem e o Menino* (detalhe), Duccio; Galeria Nacional, Londres, Inglaterra

p. 9: *A Virgem e o Menino Rodeada por Anjos,* The Wilton Diptych; Galeria Nacional, Londres

p. 10: *A Mãe de Deus da Sarça Ardente*, Eduard Gubelin; Photo Perrer, Lucerna, Suíça.

p. 13: *A Virgem Maria,* de Jean-Loup Charmet.

p. 16: *A Anunciação,* Duccio; Galeria Nacional, Londres, Inglaterra.

p. 19: *Aparição do Anjo a José*; Museu Conde, Chantilly, França.

p. 20: *Aparição do Anjo a Zacarias*; Coleção Wildenstein.

p. 23: *Joaquim Encontra Ana*, Bernardo Daddi; Galeria Uffizi, Florença, Itália.

p. 24: *Isabel e Maria,* Master of Charles V; The Arenberg Missal.

p. 27: *A Virgem Anunciada*, Naddo Ceccarelli; Noortman (Londres) Ltd.

p. 28: *O Nascimento de João Batista*, Pontormo; Galeria Uffizi, Florença, Itália.

p. 31: *Natividade*; Galeria Nacional de Arte, Washington D.C., EUA.

p. 32: *Nasceu o Salvador na Cidade de Davi*; Biblioteca Nacional, Paris, França.

p. 35: *Apresentação de Jesus no Templo*, Govanni Bellini; Galeria Querini-Stampalia, Veneza, Itália.

p. 36: *Adoração dos Magos*, Lorenzo Monaco; Galeria Uffizi, Florença, Itália.

p. 39: *A Sagrada Família a Caminho do Egito*; Biblioteca Nacional, Paris, França.

p. 40: *Cristo é Encontrado no Templo,* Simone Martini, Galeria de Arte Walker, Liverpool, Inglaterra.

p. 42: *O Batismo de Cristo,* Fra Angelico; Museu de San Marco dell'Angelico, Florença, Itália.

p. 45: *João Batista o Precursor,* Yaroslavl; Galeria Tretiakov, Moscou, Rússia.

p. 47: *Bodas de Caná,* Giotto; Capela Scrovegni, Pádua, Itália.

p. 48: *Cristo Prega no Templo,* Fra Angelico; Convento de San Marco, Florença, Itália.

p. 51: *Debate com os Doutores,* Taddeo Gaddi, Instituto de Fotografia Scala, Florença, Itália.

p. 52: *Crucificação;* Mosteiro Santa Catarina, Sinai, Egito.

p. 54: *Toda Criação se Regozija em Cristo,* Escola de Dionísio; Galeria Tretyakov, Moscou, Rússia.

p. 57: *A Arca da Aliança: A Guerra de Davi e sua Coroação;* The Art Archive.

p. 59: *O Templo em Jerusalém,* Aguste Calmet; © Bojan Brecelj.

p. 60: *A Construção da Arca da Aliança;* The Art Archive.

p. 63: *Mãe de Deus,* Bogolyubskaya com Zosima e Savaty; Photo Perret, Lucerna, Suíça.

p. 64: *A Sarça Ardente,* Nicolas Froment; Catedral Saint-Sauveur, Aix-en-Provence, França.

p. 67: *A Árvore de Jessé;* Richardson e Kailas Icons, Londres, Inglaterra.

p. 68: *Adoração ao Menino,* Fra Filippo Lippi; Galeria Uffizi, Florença, Itália.

p. 71: *Santa Ana e São Joaquim;* Coleção Ciobanu, Bucareste, Romênia.

p. 72: *Apresentação da Virgem no Templo,* Mestre Prato; Instituto de Fotografia Scala, Florença, Itália.

p. 74: *Coroação da Virgem,* Fra Angelico; Galeria Uffizi, Florença, Itália.

p. 77: *A Virgem e o Menino;* Igreja de São João Batista, Fladbury, Inglaterra.

p. 78: *Madona e o Menino no Rosário,* Savoy School; Galeria Nacional de Arte, Washington D.C., EUA.

p. 82: *Madona e o Menino,* Domenico Veneziano; Villa I Tatti, Settignano, Itália.

p. 85: *Virgem de Vladimir,* Simon Ushakov; Galeria Tretyakov, Moscou, Rússia.

p. 86: *Natividade,* Simone dei Crocifissi; Galeria Uffizi, Florença, Itália.

p. 89: *Pietà d'Avignon,* atribuída a Enguerrand Quarton; Museu do Louvre, Paris, França.

p. 90: *Coroação da Virgem* (detalhe), Fra Angelico; Galeria Uffizi, Florença, Itália.

p. 93: *Transfiguração;* Mosteiro de Santa Catarina, Sinai, Egito.

p. 94: *A Virgem e o Menino no Trono,* Margarito D'Arezzo; Galeria Nacional de Arte, Washington D.C., EUA.

p. 97: *Sacristia de São Marcos,* Melozzo da Forli; Museu do Vaticano, Roma, Itália.

p. 98: *Nossa Senhora da Vitória de Málaga,* Luis Nino; Museu de Arte de Denver, Denver, EUA.

p. 101: *A Dormição da Virgem,* Theophanes o Grego; Galeria Tretyakov, Moscou, Rússia.

Agradecimentos

p. 102: *A Virgem,* Joseph Stell; Museu do Brooklyn, Nova York, EUA.

p. 105: *Nossa Senhora: O Jardim Secreto,* Nikita Pavlovets; Galeria Tretyakov, Moscou, Rússia.

p. 106: *A Virgem no Jardim de Rosas,* Stefan Lochner; Scala/Art Resource.

p. 109: *A Anunciação,* Simone Martini e Lippo Memmi; Galeria Uffizi, Florença, Itália.

p. 111: *A Mãe de Deus;* Arquivo de Arte e História, Berlim, Alemanha.

p. 112: *The Unsleeping Eye,* Escola Moscovita; Icon Museum, Recklinghausen, Alemanha.

p. 115: *Nossa Senhora com seu Filho Amado;* Instituto de Estudos Etíopes, Adis Ababa, Etiópia.

p. 116: *Santa Paraskyeva-Pyatnitsa;* Coleção Korin, Moscou, Rússia.

p. 118: *Notre Dame de Lourdes,* Justin Pibou; © Iain Pears.

p. 121: *Aparição de Maria na Gruta de Lourdes;* Galerias Uffizi e Pitti, Florença, Itália.

p. 122: *Ícone da Virgem e São João;* Galeria Nacional, Sófia, Bulgária.

p. 125: *Nossa Senhora de Walsingham;* Santuário Anglicano, Walsingham, Inglaterra.

p. 126: *Cenas da Vida de Elias;* The Art Arcuive.

p. 129: *Nossa Senhora de Monte Carmelo,* Mario Parial; Coleção do dr. Yolando Sulit e esposa.

p. 130: *Nossa Senhora de Czestochowa,* atribuída a São Lucas; Art Resource, Nova York, EUA.

p. 133: *Apóstolo Lucas Pintando o retrato da Mãe de Deus;* Arquivo de Arte e História, Berlim, Alemanha.

p. 134: *Nossa Senhora de Guadalupe,* Rufino Tamayo; Mary-Anne Martin Fine Arts, Nova York, EUA.

p. 138: *Bernadette Bergère,* Laugee e Jhenne; Notre-Dame de Lourdes, Paris, França.

p. 141: *A Gruta de Massabielle;* Mary Evans Picture Library, Londres, Inglaterra.

p. 142: *A Virgem e o Menino,* um ícone etíope cóptico; Richardson e Kailas Icons, Londres, Inglaterra.

p. 146: *Coroação da Virgem,* Bolivia; Galerias Uffizi e Pitti, Florença, Itália.

p. 149: *Virgem do Apocalipse,* Circle of the Master of the Amsterdam Cabinet, Upper Rhine, Metropolitan Museum of Art, Nova York, EUA.

p. 150: *A Mãe de Deus de Yaroslavl;* Icon Museum, Racklinghausen, Alemanha.